大学生志愿服务研究

兰英 著

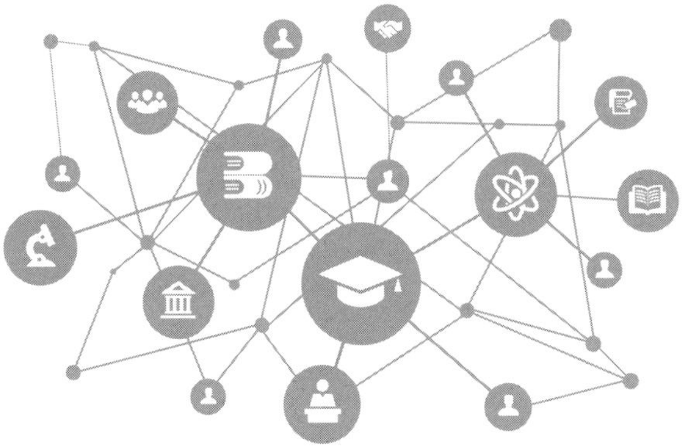

西南大学出版社
SWUP
国家一级出版社 全国百佳图书出版单位

图书在版编目(CIP)数据

大学生志愿服务研究 / 兰英著. -- 重庆 : 西南大学出版社, 2023.11
ISBN 978-7-5697-2032-7

Ⅰ.①大… Ⅱ.①兰… Ⅲ.①大学生-青年志愿者行动-社会服务-研究-中国 Ⅳ.①D432.6

中国国家版本馆CIP数据核字(2023)第216197号

大学生志愿服务研究

DAXUESHENG ZHIYUAN FUWU YANJIU

兰 英 著

责任编辑:周明琼
责任校对:路兰香
装帧设计:米可设计
排　　版:张　祥
出版发行:西南大学出版社(原西南师范大学出版社)
重庆·北碚　　邮编:400715
印　　刷:重庆紫石东南印务有限公司
成品尺寸:170 mm×240 mm
印　　张:10.75
字　　数:174千字
版　　次:2023年11月第1版
印　　次:2023年11月第1次印刷
书　　号:ISBN 978-7-5697-2032-7
定　　价:49.00元

序

兰英于2012年9月考入西南大学，攻读马克思主义理论博士研究生，2015年6月如期通过博士论文答辩，顺利毕业。呈现在读者面前的是作者在博士论文基础上经修改完善而成的一部著作。

志愿服务是一个社会文明进步的重要标志，是一项崇高的社会事业。党的十八大以来，以习近平同志为核心的党中央高度重视志愿服务工作。党的十八大报告指出，深化群众性精神文明创建活动，广泛开展志愿服务，推动学雷锋活动、学习宣传道德模范常态化。党的十九大报告要求，推进诚信建设和志愿服务制度化，强化社会责任意识、规则意识、奉献意识。党的二十大报告强调，完善志愿服务制度和工作体系，提高全社会文明程度。高校肩负着人才培养、科学研究、社会服务、文化传承创新、国际交流合作的重要使命，是“为党育人、为国育才”的重要阵地，通过深入而广泛开展志愿服务活动培养青年大学生的奉献与担当精神，对于回答“为谁培养人、培养什么样的人、如何培养人”根本问题，落实“立德树人”根本任务都具有十分重要的意义。从理论和实践的结合上研究“大学生志愿服务”已然成为大学生思想政治教育的重要时代课题。

兰英同学当年是以优秀辅导员的身份，通过高校思想政治工作骨干专项计划考上博士研究生的。入学后不久，便着手思考博士论文的撰写，按照培养目标要求，开展了大量调查研究，经过认真分析，既看到了我国大学生开展志愿服务取得的显著成绩，同时也看到了我国大学生开展志愿服务存在的一些短板、弱项。在此背景下，为了更好地适应形势发展新需要，回答志愿服务新问题，兰英同学确定以“大学生志愿服务研究”为博士论文选题。显见，这一选题具有鲜明的时代感和现实性，无论对于落实党和国家志愿服务政策，还是弥补大学生志愿服务不足，以及提供大学生志愿服务理论支撑，都有着难能可贵的学术价值和实践意义。然而，要将鲜活的大学生志愿服务实践上升为经验总结，升华为理论形态，以此满足大学生志愿服务活动需求，增强大学生志愿服务效能，丰富大学生志愿服务理论体系，是有相当大的难度的。作为导师，我的确有不少的担心和顾虑。我经过反复思考，与其研讨沟通，选择了鼓励其积极探索、支撑其攻坚克难，帮助其最终形成了这一研究成果。

该著作坚持以马克思主义唯物辩证法为指导，综合运用多种具体方法，尤其选取我国部分具有代表性的高校展开问卷调查、个别访谈，获取了大量一手调查资料，在此基础上进行详细分析，准确把握大学生志愿服务取得的成绩、存在的问题及其产生的原因，并借鉴国外志愿服务的有益做法，对持续发展我国大学生志愿服务进行策略思考。应当充分肯定的是，该研究循着理论与实践相结合的路线推进，从实践角度看，有调查、有案例、有数据、有对策；从理论角度看，围绕“大学生志愿服务”主题，在对概念、内涵、特性予以揭示的同时，对其类型、内容、功能、目的等作了深入的理论阐释，形成了“类型论”“内容论”“功能论”“目的论”等。尤其是提出“深化大学生志愿服务社会认知、建设大学生志愿服务多元载体、完善大学生志愿服务保障条件、建立大学生志愿服务长效机制”等大学生志愿服务持续发展的策略，凸显出鲜明的创新特征，为新时代广泛开展大学生志愿服务提供了可资借鉴的范本。论文送国内同行专家评审时，获得一致好评和高度评价。

值得一提的是，兰英同学在攻读博士学位期间，勤奋、刻苦，既要弥补因前学历是非思想政治教育的思维理论的“先天不足”，又要克服一边工作一边学习的“工学矛盾”，常处于高度紧张、连续运转的状态。即便如此，她仍乐观向上，从不懈怠。一方面，立足本职工作岗位，兢兢业业，耕耘在大学生思想政治教育园地里，当好大学生的“人生导师、知心朋友”，多次获评优秀党务工作者、先进辅导员。另一方面，坚守学习研究阵地，不缺一节课、不欠一环节，各门功课取得优良成绩。积极参加各种学术研讨会和论坛，发表多项研究成果，光荣晋升思想政治教育高一级职称。博士学位论文答辩后，兰英同学又认真汲取专家们的真知灼见、指导建议，对论文作出了全面梳理，从概念观点、数据案例到谋篇布局，都作了深化研究，最终形成了本著作。

在本书即将出版之际，作者邀我为之写个序，我欣然接受。一来我见证了作者攻读博士学位以来的成长进步，并为作者所取得的学术成绩和研究成果感到由衷高兴，也想借此机会诚挚地希望作者不忘初心、踔厉奋发，为帮助大学生立志做“有理想、敢担当、能吃苦、肯奋斗”的新时代好青年尽绵薄之力。二来，我相信作者的该著作，能成为广大高校思想政治工作者的“良师益友”，助力各位学工战线的朋友们坚定信心，勤勉苦干，广泛开展学雷锋等志愿服务活动，拓展丰富志愿服务活动的形式内容；开展志愿服务专项行动和定点帮扶，对口支援、服务乡村振兴、用人单位调查等各类志愿服务行动；持续推动“大学生志愿服务西部计划”、博士服务团、研究生支教团和“三下乡”等品牌工作，鼓励引导大学生到祖国最需要的地方建功立业，把雷锋精神广播到祖国大地上，为培养担当民族复兴大任的时代新人作出新的贡献。

是为序。

黄蓉生

2023年4月于学府小区

目录

第一章　大学生志愿服务的理论阐释 ……………………001

第二章　大学生志愿服务的类型 ……………………036

第三章　大学生志愿服务的内容 ……………………040

第四章　大学生志愿服务的功能 ……………………053

第五章　大学生志愿服务的目的 ……………………069

第六章　大学生志愿服务现状分析 ……………………079

第七章　大学生志愿服务的国外借鉴 ……………………107

第八章　大学生志愿服务持续发展的策略思考 ……………121

第一章　大学生志愿服务的理论阐释

志愿服务是社会文明进步的主要标志之一，是一项崇高的社会事业。党的十七大、十八大、十九大和二十大报告，均强调要持续开展志愿服务活动、不断完善志愿服务体系、深入推进志愿服务制度化、完善志愿服务制度和工作体系。这些都充分表明党和国家高度重视我国志愿服务发展，现已将推动志愿服务发展摆在事关国家建设的重要位置。大学生志愿服务不仅是高校实践育人的重要载体，更是高校加强思想政治教育、落实“立德树人”根本任务、构建“十大育人”体系、推进“三全育人”新格局、践行“五育并举”理念的有效载体。

我国大学生积极参与各项志愿服务，并主动融入“精准扶贫”“城乡一体化”和“一带一路”等中，通过志愿服务不断实现自我成长。时下，“志愿服务”“志愿者”已成为人们生活中的高频词语，尤其是奥运会、世博会、亚运会等国际重大赛事和活动的成功举办，为志愿服务的发展提供了难得的机遇，志愿服务自此逐渐成为人们耳熟能详的热词，成为社会的关注焦点和学界的研究课题。深刻理解和把握志愿服务的概念与特性、传统渊源与发展历程、理论支撑与知识借鉴，是客观科学、全面系统地研究大学生志愿服务的基础和前提。本章内容立足国内外理论研究成果，力求科学界定志愿服务、志愿者、志愿服务精神、大学生志愿服务等基本概念，归纳总结大学生志愿服务的主要特性，系统梳理大学生志愿服务的思想渊源和新中国成立以来的发展历程，深入分析大学生志愿服务的理论支撑与知识借鉴。

一、大学生志愿服务的概念与主要特性

作为大学生广泛参加的一项社会公益事业，志愿服务在推动社会进步和促进大学生成长等方面具有重要作用。要研究大学生志愿服务，应该首先把握大学生志愿服务的概念和主要特性。

（一）大学生志愿服务的概念

“大学生志愿服务”是由“大学生”和“志愿服务”两个词组成的集合名词，专指大学生这个特殊青年群体开展和参与的志愿服务。因此，要说清“大学生志愿服务”概念，首先要对“志愿服务”的概念进行界定。

1.志愿服务及其相关概念

“志愿”一词是由英文单词Voluntary翻译而来的，其词源是拉丁文的velle或valo，表示“渴望、决心或希望”的意思。《现代汉语词典》中，“志愿”包含两层意思：一层意思是志向和愿望，另一层意思是自愿。[①]本研究认为，“志愿”包含了两方面的意思：一是“志愿”反映了大学生行为选择的自主性；二是“志愿”反映了大学生期望通过自己的实际行动来实现美好的愿望。在语义学上，“志愿服务”是由“志愿”和“服务”构成的一个复合词，是一个比较复杂的概念。

志愿服务最早起源于19世纪初西方国家的宗教行善以及基督教教堂、修道院等发放救助物资等慈善服务。19世纪末和20世纪初，欧美等国家先后通过了一些福利方面的法律和法规，政府开始逐渐重视志愿服务。到第二次世界大战结束后，西方国家的志愿服务已逐步规范，并日益扩大为一种社会服务工作，不断规范化、专业化和制度化。中国志愿服务起源于中国传统慈善思想，是对雷锋精神的继承和发展。因此，受不同历史、政治、宗教和区域文化的影响，不同国家对志愿服务内涵概念的理解、外延范围的界定存在差异。

（1）志愿服务（Voluntary service）的概念

我国志愿服务是在继承和发扬中华民族传统慈善思想、发展当代雷锋精神，

① 中国社会科学院语言研究所词典编辑室.现代汉语词典（第七版）[Z].北京：商务印书馆，2017.

以及借鉴国外国家志愿服务经验的基础上发展起来的。

国内学者丁元竹等认为，志愿服务是指任何人自愿贡献个人时间和精力，在不为物质报酬的前提下，为推动人类发展、社会进步和社会福利事业而提供的服务。[①]《中国注册志愿者管理办法》指出，志愿服务是指志愿组织、志愿者服务社会公众生产生活和促进社会发展进步的服务行为。国务院2017年发布的我国第一部关于志愿服务的全国性行政法规《志愿服务条例》中规定，志愿服务是指志愿者、志愿服务组织和其他组织自愿、无偿向社会或者他人提供的公益服务。

本研究认为，志愿服务是指个人或组织自愿奉献时间、精力和技能等，在不追求任何物质报酬的前提下，为推动人类发展、社会进步和社会福利事业发展而提供的服务总和。志愿服务的主体包括个人和团体，即志愿者和志愿服务组织。

(2)志愿者(Volunteer)的概念

国内学界认为，志愿者的概念有广义和狭义之分。丁元竹等认为，广义的志愿者，是指那些具有志愿服务精神、能主动承担社会责任且不计报酬的人；狭义的志愿者，是指那些通过组织、社团或机构参与社会事务，自愿承担社会责任且不计报酬的人。无论是广义的志愿者，还是狭义的志愿者，他们都表现出自愿、无偿、利他、仁爱等品质。[②]《志愿服务条例》中规定，志愿者，是指以自己的时间、知识、技能、体力等从事志愿服务的自然人。

因此，本研究认为，志愿者是指那些自愿奉献个人时间、精力和技能等，在不追求任何物质报酬的前提下，为推动人类发展、社会进步和社会福利事业发展而提供服务的人。

(3)志愿服务精神(Volunteerism)的概念

志愿服务精神是志愿者的精神特质，是激发人们奉献社会、服务他人的精神动力，是促进个人全面发展和社会进步的一种价值观念，亦称“志愿精神”或“志愿者精神”等。

---

① 丁元竹，江汛清.志愿活动研究：类型、评价与管理[M].天津：天津人民出版社，2001.

② 江汛清，谭建光.中国志愿服务研究[M].北京：北京大学出版社，2007.

学者们对志愿服务精神做了阐释,志愿精神是指一种自愿的、不为报酬和收入而参与推动人类发展、促进社会进步和完善社区工作的精神。[①]志愿精神是一种慈善主义和利他主义的精神,是个人或团体依其自愿意志和兴趣,是本着帮助他人与服务社会的宗旨,不求私利和报酬的社会理念。[②]

由此,本研究认为,志愿服务精神是指志愿者或志愿服务组织自愿奉献时间、精力和技能等,在不追求任何物质报酬的前提下,为推动人类发展、社会进步和社会福利事业发展而提供服务的精神。它是志愿服务的精神动力,是一种不求回报的价值理论,是一种利他主义和慈善主义精神,表现为"奉献、友爱、互助、进步"。

"奉献"是志愿服务精神的本质和精髓,强调志愿者是在无偿、不求名利与回报的情况下,参与推动社会进步、促进人类发展活动,是志愿服务精神中赋予其旺盛生命力的要素。"友爱"是志愿服务精神的核心,强调人与人之间平等尊重,提倡与人为善、欣赏他人,这种友爱没有民族之分,也没有文化差异。"互助"是志愿服务精神的发展动力,指的是"互相帮助、助人自助",即志愿者给予处于困难和危机中的人们帮助,唤醒许多人内心的仁爱和慈善,强调人与人之间的相互帮扶和支持。"进步"是志愿服务精神的价值取向,强调提高志愿者能力,彰显生命价值。志愿服务精神具有公益性、无偿性、实践性和组织性等基本特征,发挥了凝聚、教育和示范等重要作用。[③]

2. 大学生志愿服务的概念界定

国内外学者从不同角度对大学生志愿服务的概念进行了界定,且多是以"志愿服务"为内核,以"大学生"为主体进行的。有学者认为,大学生志愿服务是由具有一定思想觉悟、热心社会服务和公益事业的在校大学生,在学有余力的情况下,利用业余时间,结合所学专业知识,自愿向社会无偿提供服务的各种活动。[④]也有学者认为,大学生志愿服务是指高校大学生以"奉献、友爱、团结、互

① 丁元竹,江汛清.志愿活动研究:类型、评价与管理[M].天津:天津人民出版社,2001.

② 沈杰.志愿行动:中国社会的探索与践行[M].北京:人民出版社,2009.

③ 佘双好.志愿服务概论[M].武汉:武汉大学出版社,2013.

④ 胡凯,杨欣.论大学生志愿服务的思想政治教育功能[J].思想教育研究,2010(2):28-30.

助”为宗旨，以志愿服务的方式参与社会生活，奉献个人力量，在不为任何物质报酬的情况下为改善社会、服务社会、促进社会进步而提供的服务。[①]教育部制定下发的《学生志愿服务管理暂行办法》（教思政〔2015〕1号）中指出，学生志愿服务，是指学生不以获得报酬为目的，自愿奉献时间和智力、体力、技能等，帮助他人、服务社会的公益行为。大学生志愿服务是热心公益事业的大学生自愿无偿向社会提供的各种服务活动的总和。

综合学界观点，本研究认为，大学生志愿服务是指具有一定思想觉悟、热心公益事业和社会服务的大学生，以志愿服务精神为支撑，自愿奉献个人时间、精力和技能等，在不追求任何物质报酬的前提下，为推动人类发展、社会进步和社会福利事业发展而提供的服务总和。其内容主要包括扶贫助困、社区建设、公益活动、应急救援和海外服务等。所有参与志愿服务的大学生都被称为大学生志愿者。大学生志愿服务组织则是由诸多大学生志愿者个体组成的高校公益性团体，是管理大学生志愿者的主要单位，负责志愿者的招募、培训、评价等，并策划、组织和指导大学生志愿者开展志愿服务活动等。

（二）大学生志愿服务的主要特性

大学生志愿服务的主体，是生活在高校环境中的大学生，是拥有专业知识技能和较高素质的特殊群体。因此，大学生志愿服务除了具有志愿服务的共同特性外，还具有其自身独有的特性。

1.参与的自愿性

自愿性指参与志愿服务活动是大学生志愿者自愿选择的行为，是建立在自觉自愿的基础上，不受任何人或组织的支配干预。自愿性是大学生志愿服务活动区别于其他活动最突出的特性，体现了大学生的价值追求，反映了大学生参与志愿服务的自觉性。志愿服务的方式很微观、很个体化，即凭借个人偏好，出于个人意愿，全靠个人选择。[②]

① 高彦君.大学生志愿服务对策研究——以保定为例[J].中国成人教育，2011(14)：101-103.

② 沈杰.志愿行动：中国社会的探索与践行[M].北京：人民出版社，2009.

大学生是本着自觉自愿的精神，自主选择志愿服务组织、参与志愿服务活动。自觉意味着在服务中主动承担责任，积极发挥作用；自愿则意味着志愿者自己想要参加志愿服务，而不是因他人或某种外力迫使而为之。大学生志愿服务活动的开展，秉承“公开招募、自愿报名、择优录取”的原则，充分尊重大学生自愿平等的主体意识，是大学生基于自己的思想素质、精神需要和责任意识进行的自主选择。

志愿服务尊重参与者的意愿，完全尊重参与者的决定，使参与者具有充分自由选择的权利，而并非任何外界强迫、命令和要求迫使其为之。自愿性为参与者的自我完善、自我发展提供了前提条件。也正是因为志愿服务的自愿性，才能吸引更多的人加入志愿服务组织中，并逐渐形成人们的自觉行为。①

2.服务的公益性

服务的公益性，是指大学生志愿服务不是以交换服务或商品来获取利益，而是非营利性的和有利于社会公众的。公益性体现的是大学生服务大众、奉献社会、维护公共利益。公益性强调的是“我为人人”的服务意识，具有鲜明的利他性。除利他性外，公益性也包含利己性，即个体在服务社会的同时，亦有“人人为我”的社会期望。②青年志愿者行动作为一种现代公益事业，它是古老的慈善行为与现代社会救助手段的融合。

大学生志愿服务以造福他人和社会为目的，具有扶贫助弱、协调矛盾等社会功能，大学生志愿者不能向志愿服务对象收取或变相收取报酬，也不能接受服务对象的任何捐赠。志愿服务是不以任何物质报酬为目的的公益服务，体现了大学生无偿帮助他人、服务社会，有利于实现教育目标。

3.活动的教育性

活动的教育性是指大学生志愿服务作为一项社会实践活动，包含着丰富的思想教育内容，是思想政治教育的重要载体和途径，实现了接受教育和自我教育的统一。

---

① 袁鑫鑫.大学生志愿服务活动的思想政治教育功能研究[D].苏州：苏州大学，2012.

② 曹刚，任重远.为己与利他的中道——志愿精神的伦理解读[J].广西民族大学学报：哲学社会科学版，2009(3)：132-135.

千万不要干巴巴地同年轻人讲什么理论。如果你想使他们懂得你所说的道理，你就要用一种东西去标识它。应当使思想的语言通过他们的心，才能为他们所了解。[①]志愿服务便是可以用来标识思想教育的“东西”之一。志愿服务为大学生提供了广阔的实践平台，将理论教育与实践教育有机结合起来，帮助大学生在实践中检验真知。

志愿服务组织是大学生自我教育的平台，帮助大学生在服务社会中成长成才。志愿服务为大学生提供了丰富的社会教育资源，让大学生能有机会了解和深入社会，接触不同的社会群体，认知不同的社会现象，促进大学生社会化的进程，发挥很好的社会教育作用。

4.组织的规范性

组织的规范性是指不管是正式的或是非正式的大学生志愿服务，都并非临时性的集会，而是有相应的组织框架来进行约束和规范的。大学生志愿服务一般都是由高校各级团组织主管，并在各级团委的组织和指导下开展活动。这表明，大学生志愿服务是规范的学生活动。

大学生志愿服务组织，一般依托高校资源组织而成，受高校主管部门的指导与管理，其活动由高校团委有组织、有计划地实施与推进，表现出明显的规范性。它在成立之初便接受了相关部门对其宗旨、目标、性质、组织机构、人员构成、经济来源、权利义务等各方面情况的严格审查，成立后还要接受政府管理部门的年检和跟踪调查，使其运行在正确的轨道上。[②]

大学生志愿服务的开展具有组织性。大学生志愿服务活动是有领导、有组织、有计划、有保障的公益活动；大学生志愿服务活动由共青团中央下属的青年志愿者行动指导中心负责总体规划，有相应的制度规定和相对完备的制度体系。

5.主客体的互转性

主客体的互转性是指志愿服务充分发挥教育功能，让大学生在志愿服务中，既是教育主体，又是教育客体，使教育主客体发生互转。

---

① 卢梭.爱弥儿论教育[M].李平沤，译.北京：商务印书馆，2011.

② 北京志愿者协会.走近志愿服务[M].北京：中国国际广播出版社，2006.

大学生志愿服务能使教育潜移默化地进行，实现接受教育与自我教育的有机统一，促使教育的主客体发生转换。大学生志愿者在服务过程中用自己的实际行动潜移默化地感染教育服务对象及身边的人群，倡导良好社会风气。就这个意义来说，大学生志愿者扮演的便不再是教育的客体，而是教育的主体。

志愿服务组织是大学生自我学习和管理的平台，让大学生实现了自我教育，从这个角度来看，大学生志愿者在服务过程中受到了教育，成为教育主体的作用对象即教育客体。

二、新中国成立以来大学生志愿服务的发展历程

我国的大学生志愿服务是在继承中国传统慈善思想、发展当代雷锋精神的基础上，借鉴国外国家大学生志愿服务有益经验成长起来的。我国之前虽没有明确的“志愿服务”的说法，却早就有了志愿服务的实践形态。直到20世纪80年代，志愿服务传入我国，便才有了“志愿服务”的称谓。在此基础上，大学生志愿服务蓬勃发展起来。

概括地讲，我国的大学生志愿服务发展大体经历了以下几个阶段：

1.萌芽阶段

新中国成立之初，随着我国社会服务活动的不断开展，大学生的社会服务活动如火如荼地开展起来，大学生深入农村开展活动。

1955年5月，毛主席指出“农村是个广阔天地，在那里是可以大有作为的”，随后，共青团中央号召全国青年“到农村去，到边疆去，到祖国最需要的地方去”。

1955年7月，共青团中央《关于组织青年参加边疆建设问题的一些意见》要求动员部分城市中未升学的初中、高中毕业生和失业青年参加垦荒。参加垦荒必须满足以下三个条件：自愿、不要国家投资、去了就扎根边疆不再回来。在共青团中央的倡议和组织下，青年们积极响应，在全国范围内掀起了垦荒热潮。

北京青年杨华、庞淑英等五人率先响应，并向北京市团委递交了组建北京青年志愿垦荒队的倡议书，在社会上引起强烈反响，800多名青年报名参加垦荒队。团中央和北京团市委从中挑选出60人，组成了我国第一支青年志愿垦荒队——北京青年志愿垦荒队。[①]北京青年志愿垦荒队的成立，是我国志愿服务历史上非常重要的一件事情，标志着我国当代志愿服务的萌芽。在北京青年志愿垦荒队的带动下，辽宁、黑龙江和河北等16个省市也相继组建了青年志愿垦荒队，垦荒队员迅速增至20余万名。[②]

"教劳结合"是20世纪50年代青年教育的原则，高校经常会组织大学生参加公益性的生产劳动和社会实践。1958年10月，北京市所有高校的数万名师生参加了规模空前的公益劳动——修建十三陵水库。这一时期，大学生积极响应党和国家的号召，踊跃参加服务社会的公益劳动，服务活动虽然带有较浓的政治色彩，但他们在一定程度上表现出了无私奉献的精神和志愿服务的理念，在青年志愿服务的发展历程中具有里程碑的意义。

2.形成阶段

1963年2月5日，《中国青年报》刊登了《永生的战友》一文。该文介绍了雷锋同志的英雄事迹，同时发表社论《要像雷锋那样战斗和生活》。2月13日，共青团北京市委举行北京各界青年代表学习雷锋座谈会，号召广大青年向雷锋同志学习。

1963年2月15日，共青团中央下发了《关于在全国青少年中广泛开展"学习雷锋"的教育活动的通知》，号召在全国青少年中广泛开展学雷锋活动。2月28日至3月5日，共青团北京市委分别在大学、中学等举办大型雷锋事迹报告会。

1963年3月5日，《人民日报》等刊登出毛泽东题词"向雷锋同志学习"的手迹，号召全国各行各业向雷锋同志学习。各级党委政府高度重视学雷锋活动，先后下发关于开展学习雷锋活动的系列文件。

在各级党委政府的重视和组织下，全国范围内掀起了一场波澜壮阔的学雷

① 赵晓达.当代大学生志愿精神及其培育研究[D].石家庄：河北师范大学，2021.

②《绚丽的青春》编辑委员会.绚丽的青春：中国青年80年的奋斗与思考[M].北京：人民出版社，2002.

锋热潮。学雷锋活动在全国范围内的广泛开展,使雷锋逐渐成为许多人心中学习的楷模。雷锋精神也渐渐深入人心并得到了广大人民群众的广泛认可,全国各地出现了许多助人为乐、无私奉献的优秀事迹。

在老一辈无产阶级革命家的倡导和各级党团组织的推动下,雷锋这个响亮的名字与以这个名字命名的雷锋精神,深深地影响并激励着一代代中国青年积极投身社会主义现代化建设,为建设社会主义新中国而努力奋斗。作为最早具有志愿服务性质的活动,"学雷锋"活动为中国志愿服务的发展奠定了基础。

1981年2月,《关于开展文明礼貌活动的通知》要求,在青少年中继续开展共产主义道德教育,青少年要继承和发扬雷锋精神。党中央、国务院倡导在全国范围内组织开展"文明礼貌月"活动,活动的主旋律为弘扬雷锋精神。北京、上海等地的大学生走出校门,走向社会,开展了"人民送我上大学,我献知识为人民"的大规模法律咨询服务活动、医疗服务、免费理发、义务修车等活动。部分高校大学生依托学雷锋小组、文明校园创建等工作项目,蓬蓬勃勃地开展了"学雷锋、树新风""五讲四美三热爱""文明礼貌月"等丰富多彩的活动。

在志愿服务传入中国之前,"学雷锋"是人们帮助他人、奉献爱心的主要形式。或者可以认为学雷锋活动就是当时的志愿服务,学雷锋活动是志愿服务在当代中国兴起的前奏。全心全意为人民服务的崇高思想与艰苦奋斗的实干精神的有机结合,是雷锋精神的根本所在;心系人民和助人为乐,是雷锋精神的价值指向;帮助他人、服务社会是雷锋精神的主要体现。志愿服务精神与雷锋精神具有本质上的共同性,都包含着无私奉献之魂。今天的志愿服务精神可以视为雷锋精神在新的时代条件下的继承和延伸。[①]大学生志愿服务是将"自上而下"的学雷锋活动向自觉活动转变而做的有益探索,是对学雷锋活动的继承和发展。

3.发展阶段

自从十一届三中全会以后,改革开放前沿城市便最早开始探索我国志愿服务发展道路。到20世纪80年代末,伴随着改革开放带来的社会结构的转型和市

① 黄蓉生.论新时期大学生雷锋精神教育[J].高校理论战线,2012(11):37-41.

场经济的发展，在经济发展较快的一些沿海地区，如广州市、深圳市等地，志愿服务应运而生。

1987年6月，在共青团广州市委的支持推动下，广州市10多名热心共青团和青少年服务工作者牵头开通了全国第一部志愿服务热线电话——“中学生心声热线”。这不但开创了广州志愿服务的首个“全国第一”，也成为全国志愿服务的雏形。热线的开通，拉开了我国志愿服务事业的序幕。

1988年10月，天津市和平区新兴街道朝阳里居委会的13名社区积极分子，自发组织成立了“为民服务志愿者小组”，自愿无偿为孤寡老人、残疾人、特困户等社会弱势群体服务，揭开了我国社区志愿服务活动的序幕。1989年3月，新兴街道成立了全国第一个社区志愿服务协会——新兴街道社区服务志愿者协会。

1990年4月，全国第一个正式注册成立的志愿服务社团——深圳市义务工作联合会在深圳诞生。作为我国第一个志愿服务组织的深圳市义务工作联合会，最早开展热线咨询和信箱服务，并向全社会招募义务工作者。

1993年3月，佛山市在香港义工的协助下成立了“义工团”。自此以后，在全国的其他地方，相继产生了许多形式不同、目标不同的志愿服务组织。这些志愿服务组织中，青年大学生占多数。这些早期的志愿服务实践活动，为大学生志愿服务发展奠定了基础、积累了经验。

1993年春，共青团中央发起实施“中国青年志愿者行动”。在总结全国各地开展的“学雷锋，献爱心”活动的基础上，1993年12月，在共青团十三届二中全会上，青年志愿者行动被郑重写进了《在建立社会主义市场经济体制进程中我国青年工作战略发展规划》。

1993年底，全国大学生积极响应共青团中央号召，踊跃参加“中国大中学生志愿者94新春热心行动”。共青团中央以铁路春运为契机，组织2万多名青年高举“青年志愿者”旗帜，沿京广铁路开展为旅客送温暖活动，这就正式拉开了我国青年志愿服务活动的序幕。随后，40余万名大中学生寒假期间在全国主要铁路沿线、车站等地开展了志愿者新春热心活动。自此，青年志愿服务事业在全国各地迅速开展起来。[1]共青团中央、铁道部共同组织的首批中国青年志愿者走上千里铁路大动脉，标志着“中国青年志愿者活动”正式启动，拉开了“跨世纪青年文明工程”帷幕，也是中国青年志愿活动兴起的标志性事件。[2]

1993年底，北京大学的大学生组织成立“北京大学爱心社”，这是我国高校第一个由学生自发组织成立的志愿服务社团。

1994年12月5日，共青团中央发起并推动成立了“中国青年志愿者协会”。这是青年志愿者的第一个全国性社团，它是志愿从事社会公益和保障事业的社会各界青年共同组成的全国性的公益社团，是我国第一个具有现代志愿服务理念的志愿服务机构，也是开展志愿服务最多、影响最深远的志愿服务组织。它由共青团中央直接指导，是中国青年志愿服务进入了组织有序的发展阶段的重要标志。该协会通过组织和指导全国广大青年志愿者为他人和社会提供服务，促进社会和谐发展。随后，各级青年志愿者协会也逐渐建立起来。

自此，青年志愿者便拥有了自己的机构和组织，青年志愿服务走上了规范化的道路，扩大了青年志愿服务的影响力和感召力，推动了大学生志愿服务事业的发展。截至1998年3月，全国共成立省级青年志愿者协会31个，地市级青年志愿者协会738个，青年志愿服务站15018个，志愿服务基地21569个，参加青年志愿者活动的人次高达7240万次。[3]北京、山东等地根据当地发展实际建立了一批专业性的青年志愿者组织和颇具特色的青年志愿服务站。

1995年3月，共青团中央等部门在北京组织召开了以“弘扬雷锋精神，广泛开展志愿者行动”为主题的座谈会。

1995年5月，共青团中央发出“大学生青年志愿者社区援助活动”号召，全国各地高校大学生志愿者反响强烈。他们走进社区，下到基层，开展了丰富多彩的服务活动，用自己的所学帮助社区广大群众解决问题。接着，青年志愿者扶贫接力计划、大中专学生“三下乡”服务活动、保护母亲河“中国青年志愿者绿色行动营计划”等一系列大学生志愿服务活动开始实施。

---

① 北京志愿者协会.走近志愿服务[M].北京：中国国际广播出版社，2006.

② 冯宁，邵子剑.高校校园志愿文化的建构培育与发展[J].北京教育(高教)，2016(1)：58-60.

③ 北京志愿者协会.走近志愿服务[Ml.北京：中国国际广播出版社，2006.

1996年5月，共青团中央发出“在全国高校开展大学生社区援助统一行动”的号召。全国大学生志愿者响应共青团中央号召，积极投入社区援助活动中。

1996年10月，中共十四届六中全会通过的《中共中央关于加强社会主义精神文明建设若干重要问题的决议》中指出：深入开展“希望工程”“青年志愿者”和“手拉手”等活动，发扬互相关心、助人为乐的精神。

自1996年以来，共青团中央先后联合教育部、中央文明办等部门，组织开展了“青年志愿者扶贫接力计划”，动员青年志愿者深入贫困落后地区，在当地开展基础教育、科技推广和医疗卫生等方面的志愿服务。1997年底，江泽民为“中国青年志愿者”亲笔题名。

1998年8月，共青团中央成立青年志愿者行动指导中心，主要担任志愿者协会秘书处的职责，具体负责规划、指导、协调开展青年志愿服务工作。

1998年10月，中共十五届三中全会通过的《中共中央关于农业和农村工作若干重大问题的决定》中指出：重视农村师资培养，提倡城市教师和干部志愿到农村开展支教服务。自此，中国青年志愿者行动在全国包括高校在内的各个领域内迅速开展起来，更多的大学生投身志愿服务。高校大学生在社区建设、扶贫助困、公益活动等领域积极组织并开展志愿服务，在社会上产生了广泛的影响。许多高校以大学生志愿者协会或社团的形式建立起了大学生志愿服务活动机构。比较有影响力的高校志愿服务组织有北京大学爱心社、清华大学紫荆志愿者服务总队、中国人民大学青年志愿者协会等。

1999年8月，广东省率先出台了我国第一部志愿服务地方性法规——《广东省青年志愿服务条例》。这标志着我国志愿服务在立法上迈出了非常重要的第一步，同时也为推动我国大学生志愿服务发展奠定了法律基础。1999年12月，“中外青年志愿者携手迈进新世纪”主题活动在北京举办，这标志着1993年开始实施的青年志愿者活动已与国际接轨。

2000年1月，江泽民在青年志愿者的来信上作出重要批示：“青年志愿者行动，是当代社会主义中国一项十分高尚的事业，体现了中华民族助人为乐和扶贫济困的传统美德，是大有希望的事业。努力进行好这项事业，有利于在全社会树立奉献、友爱、互助、进步的时代新风。”[1]结合这一重要批示，中国青年志愿者协会把“奉献、友爱、互助、进步”确定为我国的志愿服务精神。

2000年3月，共青团中央和中国青年志愿者协会联合下发通知，将以后每年的3月5日，即“学雷锋日”，规定为“中国青年志愿者服务日”，组织更多青年开展形式多样、内容丰富的志愿服务活动。这极大地带动了更多大学生参与志愿服务，推动了我国志愿服务事业的快速发展。2000年3月5日，全国有1000万余名青年参加了“全国学习雷锋日”志愿服务活动。

21世纪以来，大学生志愿服务进入了一个全新的发展阶段。2001年1月，国际志愿者协会召开了第十六届年会，会议通过了《全球行动方案》和《全球志愿者宣言》，提出了21世纪志愿服务的具体目标和发展远景，这为大学生志愿服务的发展提供了新的借鉴。

2001年3月，共青团中央颁布实施了《中国青年志愿者注册管理办法（试行）》，在全国范围内推行志愿者注册制度，以青年为主体，其目的在于建立一支相对稳定的志愿服务队伍，培养一批志愿服务的骨干力量，推动志愿服务事业整体发展。志愿者注册制度的启动，标志着我国大学生志愿服务的招募、培训、考核等管理过程逐步走向规范化。通过实施志愿者注册制度，全国各地大学生踊跃报名注册。我国的大学生志愿服务组织制度逐步完善，志愿服务活动进一步规范，推动了大学生志愿者的队伍建设。

2002年5月，共青团中央启动中国青年志愿者海外服务计划，向老挝选派了5名青年志愿者。2005年，共青团中央会同商务部将此计划纳入我国对外援助工作范畴。到目前为止，我国已向老挝、缅甸、埃塞俄比亚等国家派遣了多名青年志愿者。

2002年12月，司法部和共青团中央启动了“法律援助志愿者服务计划”。动员社会人士、青年人才通过参与志愿服务的方式参加法律援助工作，推动法律援助、志愿服务事业进一步向前发展。

---

① 江泽民．江泽民文选（第二卷）[M]．北京：人民出版社，2006.

2003年6月起，共青团中央开始推出“大学生志愿服务西部计划”。这个计划是响应党和国家的号召，每年在应届大学毕业生中选拔志愿者到西部地区从事教育、卫生、农技、扶贫等方面的志愿服务工作，引导大学生到西部建功立业。

2004年8月，中共中央、国务院《关于进一步加强和改进大学生思想政治教育的意见》指出，要努力开拓新形势下大学生思想政治教育的有效途径，要积极组织大学生参加志愿服务等社会实践活动。

2005年7月，胡锦涛强调，各级党委、政府和有关部门，要高度重视大学生志愿服务西部计划，要总结经验、完善措施、健全机制。该计划自实施以来，在全社会产生了广泛影响，促进了青年志愿服务的跨越式发展。

2006年4月，中共中央组织部等七部委联合下发了《关于组织开展高校毕业生到农村基层从事支教、支农、支医和扶贫工作的通知》，每年招募2万名高校毕业生，统一派遣到乡镇开展2至3年的支教、支农、支医和扶贫工作。同月，国务院《关于加强和改进社区服务工作的意见》中指出，积极组织开展社区志愿服务活动。

2006年5月，教育部等下发《关于实施农村义务教育阶段学校教师特设岗位计划的通知》，联合启动实施“特岗计划”，公开招聘高校毕业生到“两基”攻坚县农村义务教育阶段学校任教。

2006年10月，党的十六届六中全会通过了《中共中央关于构建社会主义和谐社会若干重大问题的决定》，指出：以相互关爱、服务社会为主题，深入开展城乡社会志愿服务活动，建立与政府服务、市场服务相衔接的社会志愿服务体系。①

2007年10月，党的十七大报告《高举中国特色社会主义伟大旗帜，为夺取全面建设小康社会新胜利而奋斗》中指出：深入开展群众性精神文明创建活动，完善社会志愿服务体系。②到2007年底，我国已初步形成了由全国志愿者协会、35个省级志愿者协会、2/3以上的地市和区县设置了志愿者协会、2000余个大学生

① 中共中央文献研究室．十六大以来重要文献选编(下)[M]．北京：中央文献出版社，2008.
② 中共中央文献研究室．十七大以来重要文献选编(上)[M]．北京：中央文献出版社，2009.

志愿者协会和19万余个志愿者服务站组成的志愿服务网络。①

4.成熟阶段

2008年以来，志愿服务理念已逐步深入人心，越来越多的大学生参加志愿服务，大学生志愿服务事业逐步走向成熟。2008年发生的三件大事有力地推动了当代中国志愿服务事业的发展，尤其是2008年的北京奥运会，把大学生志愿服务事业推向了高潮。

一是在2008年初南方的雨雪冰冻灾害中，数以万计的志愿者在火车站、街头、高速路口等，给遇困群众送去温暖。二是在“5·12”汶川大地震中，数百万名青年志愿者参加了汶川大地震的抗震救灾和灾后重建工作。三是在北京奥运会中，170余万名志愿者（包括赛会志愿者10万余名、城市志愿者40万余名、社会志愿者100万余名、啦啦队志愿者20万余名）开创了历届奥运会之最，尤其是赛会志愿者中大部分是高校大学生。大学生志愿者们参与到礼宾接待、语言翻译、沟通联络、观众引导、活动组织等各环节，他们提供了热情周到的服务，在不同的岗位上贡献着自己的力量，他们出色的表现赢得了海内外人士的广泛赞誉。这让世界在继汶川大地震以后，再一次感受到了中国志愿者的力量，也让运动员、媒体记者、场内外观众等对中国志愿服务有了全新的认识。北京奥运会的成功举办，扩大了我国大学生志愿服务的影响力，为推进我国志愿服务事业发展提供了难得的历史机遇。因此，2008年成为我国大学生志愿服务发展史上具有里程碑意义的一年。也因此有人将2008年称为“中国志愿者元年”。

2008年以后，大学生志愿服务的领域、内容和形式等都得到了新发展，也引起了学校、政府和社会对大学生志愿服务的广泛关注。这标志着我国大学生志愿服务已经逐步进入成熟阶段。

2010年，我国成功举办上海世博会和广州亚运会，大学生志愿者在其中作出了巨大贡献，这使得大学生志愿服务得到了更为广泛的关注和认可。上海世博会上大学生志愿者们的辛勤劳动和无私奉献，彰显了中国当代青年的精神风

① 白宏亮.中美大学生志愿服务比较研究[D].哈尔滨：东北林业大学，2009.

貌，让国内外参观者记忆犹新，他们被称为世博会上最令人感动的人。广州亚运会、亚残运会志愿服务具有全民化的特色。亚组委会充分调动广大市民参与服务亚运会的积极性，把大学生志愿服务亚运会与市民志愿服务亚运会紧密结合起来，形成了全民参与志愿服务的良好局面。亚组委会的统计数据表明，报名参加亚运会志愿服务的人员超过100万人。

2010年5月4日，共青团中央和中国青年志愿者协会全面启动“共青团关爱农民工子女志愿服务行动”。同年7月，联合国经济及社会理事会授予中国青年志愿者协会“特别咨商地位”。

在2011年深圳世界大学生运动会、西安世界园艺博览会，以及2014年南京青年奥运会等大型国际化和国内重大赛事、活动中，许多大学生都积极参与其中。他们不计报酬，默默奉献，为社会的发展作出了贡献，创造了较大的社会和经济价值，推动了社会主义精神文明发展。

2012年11月，党的十八大报告强调：深化群众性精神文明创建活动，广泛开展志愿服务，推动学雷锋活动、学习宣传道德模范常态化。[①]2013年，在第28个国际志愿者日，习近平给华中农业大学“本禹志愿服务队”回信，鼓励他们弘扬“奉献、友爱、互助、进步”的志愿精神，坚持与祖国同行，为人民奉献，以青春梦想、用实际行动为实现中国梦作出新的更大贡献。2013年国务院发布的《中国青年志愿者行动20年报告》显示，中国青年志愿者协会成为共青团中央下属最大的志愿服务组织，经过规范在线注册的青年志愿者达到4043万人，其中大学生占到了70%以上。在政府的推动下，从青年志愿者协会到社区志愿服务组织，志愿服务逐渐成为公民的一种生活方式，成为展现中国公民精神气质的重要形式。[②]2013年11月，中共十八届三中全会通过了《中共中央关于全面深化改革若干重大问题的决定》，强调要“支持和发展志愿服务组织”。[③]2015年10月，中共十八届五中全会通过的《中共中央关于制定国民经济和社会发展第十三个五年规划的建议》明确指出，要广泛动员社

① 胡锦涛.坚定不移沿着中国特色社会主义道路前进 为全面建成小康社会而奋斗——在中国共产党第十八次全国代表大会上的报告[M].北京：人民出版社，2012.

② 蔡金杰.大学生志愿服务的实践育人功能及其实现路径研究[D].石家庄：河北师范大学，2020.

③ 中共中央关于全面深化改革若干重大问题的决定[N].人民日报，2013-11-16.

会力量开展社会救济和社会互助、志愿服务活动。①

2017年10月,党的十九大报告强调要“推进诚信建设和志愿服务制度化,强化社会责任意识、规则意识、奉献意识”。②2019年7月,中国志愿服务联合会第二届会员代表大会在北京召开,习近平在贺信中要求:“要为志愿服务搭建更多平台,给予更多支持,推进志愿服务制度化常态化”。③2020年10月,中共十九届五中全会强调要“健全志愿服务体系,广泛开展志愿服务关爱行动”。④2020年中国志愿服务发展报告显示,自2013年至2019年,志愿者总人数由8535万人增长至2.1亿人,增长近1.5倍,其中以大学生为代表的学生志愿者数量增幅相对显著。近3年中国的志愿服务项目、志愿服务时长增幅高达75%以上,而大学生志愿者在教育、医疗等领域开展的志愿服务项目也成为其中之重点。

总的来说,我国大学生志愿服务是在党和国家高度重视、大力推动下不断发展起来的。为了充分发挥志愿服务育人功能、保障志愿服务有序开展、发挥青年志愿者在社会治理中的积极作用以及统筹协调各部门形成强大工作合力,党和国家先后出台了一系列支持志愿服务发展的意见办法和政策法规:

2008年10月,中央精神文明建设指导委员会印发《关于深入开展志愿服务活动的意见》,要求围绕“讲文明树新风”组织开展志愿服务活动,扩宽志愿服务领域,丰富志愿服务内涵。

2014年2月,中央精神文明建设指导委员会下发了《关于推进志愿服务制度化的意见》,强调大力推进志愿服务制度化对于保障志愿服务持续健康发展具有重要意义。

2015年3月,教育部印发了《学生志愿服务管理暂行办法》,旨在规范学生志愿服务工作、加强学生志愿服务管理,进一步推动学生志愿服务工作规范化、科学化和制度化。

---

① 中共中央关于制定国民经济和社会发展第十三个五年规划的建议[N].人民日报,2015-11-4.

② 决胜全面建成小康社会 夺取新时代中国特色社会主义伟大胜利——在中国共产党第十九次全国代表大会上的报告[N].人民日报,2017-10-28.

③ 习近平致信祝贺中国志愿服务联合会第二届会员代表大会召开强调 弘扬奉献友爱互助进步的志愿精神 以实际行动书写新时代的雷锋故事[N].人民日报,2019-7-25.

④ 中共中央关于制定国民经济和社会发展第十四个五年规划和二〇三五年远景目标的建议[N].人民日报,2020-11-4.

2015年8月，中央文明办、民政部、教育部、共青团中央四部门联合下发了《关于规范志愿服务记录证明工作的指导意见》，对志愿服务记录证明工作进行了科学规范，它是提升志愿服务制度化水平和推进志愿服务事业发展的又一重要政策举措。

2016年7月，中宣部、中央文明办、民政部、教育部、财政部、全国总工会、共青团中央、全国妇联印发了《关于支持和发展志愿服务组织的意见》，要求加强志愿服务组织培育、提升志愿服务组织能力、深化志愿服务组织服务以及加强对志愿服务组织发展的组织领导，大力支持和发展志愿服务组织。

2016年7月，文化部颁布了《文化志愿服务管理办法》，对于推动文化志愿服务不断规范化、制度化，以及构建参与广泛、形式多样、机制健全、内容丰富的文化志愿服务体系具有重要指导意义。

2017年8月，国务院颁布了《志愿服务条例》，这是我国第一部关于志愿服务的全国性行政法规，其目的是保障志愿者、志愿服务组织和志愿服务对象的合法权益，规范志愿服务活动，发展志愿服务事业。

这些意见办法和政策法规，进一步推动了我国志愿服务朝着法治化、常态化、品牌化方向发展。在党和国家的重视和支持下，高校志愿服务团队如雨后春笋般地不断涌现，如：清华大学紫荆志愿者服务总队、吉林大学白求恩志愿者协会、西南大学西小兰志愿服务队等。这些极具代表性的志愿服务团队在医疗救助、教育扶持等方面发挥了重要作用，用青春行动彰显着中国特色。

三、大学生志愿服务的理论支撑与知识借鉴

任何事物的发展都是在一定的理论指导下，借鉴相关知识的基础上发展壮大起来的。大学生志愿服务也不例外，它以马克思主义理论为支撑，在借鉴相关学科知识和方法的基础上，形成了自身体系。

(一)大学生志愿服务的理论支撑

马克思虽然没有关于志愿服务的专门论述,但其一些经典理论包含这方面的思想。如,马克思关于人的全面发展理论、关于人的需要理论、教育与生产劳动相结合理论等,都是大学生志愿服务的重要理论支撑。

1.马克思关于人的全面发展理论

人的全面发展理论,是马克思主义理论的重要组成部分,是大学生志愿服务的重要理论支撑。马克思非常注重人的全面发展。他在《德意志意识形态》中,正式提出了“个人的全面发展”这一科学概念。之后,在《资本论》《共产主义原理》《反杜林论》等著作中对这一概念做了系统阐述,形成了科学的人的全面发展理论。马克思指出,人的全面发展不但包括“单个人”的全面发展,也包括“人类”的全面发展,即“每个人”和“社会所有人”都全面发展。其中,“单个人”的全面发展,是指个人的体力和智力的自由、充分发展,“每个人的自由发展是一切人的自由发展的条件”。[①]“人类”的全面发展,则是指所有社会成员均得到全面发展。人的全面发展既包括人的潜能在内的身心素质、能力素质、创造性等各方面的发展,同时也包括社会关系、主体能力、自由个性的充分发展,而非私有制下人的某一方面或某几方面能力的片面发展。[②]

概括来说,马克思关于人的全面发展,主要包括人的社会关系的全面发展、人的能力的全面发展,以及人的个性的全面发展。

(1)人的社会关系的全面发展

人不但是自然界发展的产物,还是社会发展的产物。人的本质不是单个人所固有的抽象物,在其现实性上,它是一切社会关系的总和。[③]人的本质不在于其自然属性,而是在于其社会属性。即是说,人的本质主要体现在人的社会关系中。人的社会关系是人与自然、人与社会、人与人之间关系的总和。人的本质决

① 中共中央马克思恩格斯列宁斯大林著作编译局.马克思恩格斯选集(第一卷)[M].北京:人民出版社,1995.

② 徐颂陶,罗洪铁.马克思主义人才思想史[M].北京:中国人事出版社,2006.

③ 中共中央马克思恩格斯列宁斯大林著作编译局.马克思恩格斯选集(第一卷)[M].北京:人民出版社,1995.

定了人必须生活在一定的社会关系之中，依赖于社会而存在和发展。人是社会的人，人的主观能动性的发挥受制于他的社会关系。马克思和恩格斯认为，个人的发展不决定于意识，而决定于存在；不决定于思维，而决定于生活；如果生活条件只提供给他发展这一种特性的材料和时间，那么这个人就不能超出单方面的、畸形的发展。[①]这些社会关系实际上决定着一个人能够发展到什么程度。[②]也就是说，人的发展程度是由其社会关系的发展程度所直接决定的。交往是人们对人们的加工。一个人的发展取决于他直接或间接进行交往的其他一切人的发展。离开社会关系，抽象地谈论人的发展是不现实的。交往的大大发展，交换活动量增大，市场扩大，同时人们所进行的劳动具有全面性。[③]

从一定意义上来说，伴随着社会生产力的发展，人们的交往范围不断得到扩大，交往的内容更加丰富，交往的形式更加多样，人的社会关系获得全面拓展。这时，人才能够摆脱片面性，全面发展人的社会关系。因此，人必须广泛参与到社会多个领域的交往中，并在交往中不断发展社会关系，打破对人全面发展的约束和限制，在丰富的社会关系中实现人的全面发展。

（2）人的能力的全面发展

人的能力的全面发展，就是指个人能力的完整性和可变动性。人的能力主要是在学习和社会实践中形成的，是人的素质的集中体现。任何人的职责、使命、任务就是全面地发展自己的一切能力，其中也包括思维的能力。[④]每一个人都无可争辩地有权全面发展自己的才能。[⑤]人的全面发展，就是要使社会全体

① 中共中央马克思恩格斯列宁斯大林著作编译局．马克思恩格斯全集（第三卷）[M]．北京：人民出版社，1960.

② 中共中央马克思恩格斯列宁斯大林著作编译局．马克思恩格斯选集（第三卷）[M]．北京：人民出版社，1995.

③ 中共中央马克思恩格斯列宁斯大林著作编译局．马克思恩格斯全集（第四十六卷下册）[M]．北京：人民出版社，1980.

④ 中共中央马克思恩格斯列宁斯大林著作编译局．马克思恩格斯全集（第三卷）[M]．北京：人民出版社，1960.

⑤ 中共中央马克思恩格斯列宁斯大林著作编译局．马克思恩格斯全集（第二卷）[M]．北京：人民出版社，1957.

成员的才能得到全面发展，[①]使社会全体成员都能成为各方面都有能力的人，即能通晓整个生产系统的人[②]。因此，人的全面发展的过程，也就是人的能力全面发展的过程。

马克思和恩格斯认为，人的能力包括多个方面，如，人的自然能力、社会能力、体力、智力等。唯有当人的这些能力都得到充分发展时，人的全面发展才能真正实现。人的全面发展，最根本的是人的体力、智力的全面充分发展。我们把劳动力或劳动能力，理解为人的身体即活的人体中存在的、每当人生产某种使用价值时就运用的体力和智力的总和。[③]人的能力包括体力劳动能力和脑力劳动能力，人的全面发展必然要求人的体力劳动能力和脑力劳动能力的自由、充分、和谐发展。体力是人所具有的自然力，智力则是指精神方面的生产力，包括科学文化知识、劳动技能和经验等。人的一切活动都是对人的体力和智力的发展，而且在人的全面发展中起着至关重要的作用。

(3)人的个性的全面发展

人的个性是人的本质力量的充分展示，是人的独特性的集中表现。人的个性的全面发展，是人的全面发展的最高目标和综合展现。个性得到自由发展，并不是为了获得剩余劳动而缩减必要劳动时间，而是直接把社会必要劳动缩减到最低限度，那时，与此相适应，由于给所有的人腾出了时间和创造了手段，个人会在艺术、科学等方面得到发展。[④]人的个性是个体的独特性，个体都具有自己的独特性。个人的全面发展，只有到了外部世界对个人才能的实际发展所起的推动作用为个人本身所驾驭的时候，才不再是理想、职责等，这也是共产主义者所

① 中共中央马克思恩格斯列宁斯大林著作编译局.马克思恩格斯选集(第一卷)[M].北京:人民出版社,1995.

② 中共中央马克思恩格斯列宁斯大林著作编译局.马克思恩格斯全集(第四卷)[M].北京:人民出版社,1958.

③ 中共中央马克思恩格斯列宁斯大林著作编译局.马克思恩格斯全集(第二十三卷)[M].北京:人民出版社,1972.

④ 中共中央马克思恩格斯列宁斯大林著作编译局.马克思恩格斯全集(第四十六卷下册)[M].北京:人民出版社,1980.

向往的。[①]即，到了共产主义社会，个人的全面发展已经成为现实，个人的独特性才能最终得到自由展现，每个人才将是具有个性的人。每个人的自由发展是一切人的自由发展的条件。[②]建立在个人全面发展和他们共同的社会生产能力成为他们的社会财富这一基础上的自由个性是人类发展的第三阶段。[③]要使这种个性成为可能，能力的发展就要达到一定的程度和全面性。[④]个人能力的发展，对于造就人的个性具有重要意义。

在人的全面发展理论中，马克思着重强调人的社会关系、人的能力和个性的全面发展。

大学生志愿服务是大学生广泛参与社会活动、社会生活的重要途径，能增加大学生接触社会的机会，促进大学生的社会关系的全面发展。大学生志愿服务是大学生从“象牙塔”迈向社会、走进社会、了解社会、服务社会的重要平台。大学生参与志愿服务，既是将所学理论知识外化于行的重要方式，也是大学生参与社会生活，积极主动适应社会和融入社会的有效途径。

大学生志愿服务是高校大学生一项重要的社会实践活动，能提升大学生的实践能力、社交能力、组织能力等多方面能力，促进大学生全面发展。志愿服务不但为大学生提供了服务社会、奉献爱心的机会，也为大学生提供了在志愿服务中自我教育和自主成长的机会。志愿服务为大学生教育提供了新的机遇。在内容上，志愿服务是为社会和他人提供有价值的服务行为，使大学生在参与不同类型志愿服务时能认识和理解不同人生追求的意义。在形式上，志愿服务强调大学生以自主的选择与行动接受熏陶，而不是被动地接受灌输。大学生参与服务社会和他人的志愿服务过程，其实就是大学生自我成长和全面提高的过程。志

① 中共中央马克思恩格斯列宁斯大林著作编译局.马克思恩格斯全集(第三卷)[M].北京:人民出版社,1960.

② 中共中央马克思恩格斯列宁斯大林著作编译局.马克思恩格斯选集(第一卷)[M].北京:人民出版社,1995.

③ 中共中央马克思恩格斯列宁斯大林著作编译局.马克思恩格斯全集(第二十六卷)[M].北京:人民出版社,1972.

④ 中共中央马克思恩格斯列宁斯大林著作编译局.马克思恩格斯全集(第四十六卷上册)[M].北京:人民出版社,1979.

愿服务培养了大学生健康向上的观念意识，培养了大学生的思想观念、伦理道德、人文精神、法律规范意识和权利义务意识等，提高了大学生的自我调节能力、社会交往能力等。

大学生志愿服务活动是大学生本着自愿的原则，广泛参与社会公益活动，能促进自身个性的全面发展。大学生志愿服务能有效提升大学生思想道德素质，深化大学生的道德认知，陶冶大学生的道德情操，磨砺大学生的道德意志，坚定大学生的道德信念，帮助大学生养成良好的道德行为习惯。志愿服务能提升大学生科学素质和人文素养。大学生在志愿服务中能扩大自己的知识面，提升自己的专业知识和技能，不断提高自己的科学文化知识水平。志愿服务能提升大学生的身心健康素质，既能锻炼和提高大学生的身体素质，让大学生有一个强健的体魄，又能增强大学生的意志、强大大学生的内心等，培养大学生良好的心理素质。

因此，马克思关于人的全面发展理论为大学生志愿服务提供了重要的理论支撑。

2.马克思关于人的需要理论

马克思在《〈黑格尔法哲学批判〉导言》中，首次提出了“人的需要”这一概念。在现实世界中，个人有许多需要，[①] 他们的需要即他们的本性。[②]人是以其需要的无限性和广泛性区别于其他一切动物的。人的需要是人的本性的体现，是人的自然属性和社会属性的统一，也是人类参加一切社会实践活动的源泉和动力。人们生存的前提首先是衣食住行等方面的需要，正因为有了这些需要，人们就必然会从事一些活动来加以满足。任何人如果不同时为了自己的某种需要和为了这种需要的器官做事，他就什么也不能做。[③]人的需要的满足，能促进人的能力、人的社会关系和人的个性的全面发展。

① 中共中央马克思恩格斯列宁斯大林著作编译局.马克思恩格斯全集(第三卷)[M].北京:人民出版社,1960.

② 中共中央马克思恩格斯列宁斯大林著作编译局.马克思恩格斯全集(第三卷)[M].北京:人民出版社,1960.

③ 中共中央马克思恩格斯列宁斯大林著作编译局.马克思恩格斯全集(第三卷)[M].北京:人民出版社,1960.

(1)人的需要的分类

马克思把人的需要分为:人的自然需要、社会需要和精神需要。

关于人的自然需要。马克思认为,人的自然需要,主要是人作为生物有机体的直接需要,是一种低级的但又必不可少的需要。人的自然需要主要包括人维持生存所需的物质生活需要以及人的生理需要两方面。人维持生存所需的物质生活需要,就是人对衣食住行等物质生活资料的需要,这是人最基本的需要,这种需要决定着人的其他一切需要。马克思曾说,饥饿是自然的需要;因而为了使自己得到满足、得到温饱,他需要在他之外的自然界、在他之外的对象。[①]人只有在满足了基本的生存需要的情况下,才有从事其他活动的可能。正如恩格斯所言,马克思发现了人类历史的发展规律,即历来为繁芜丛杂的意识形态所掩盖着的一个简单事实:人们首先必须吃、喝、住、穿,然后才能从事政治、科学、艺术、宗教等。[②]与人的物质生活需要一样,人的生理需要也属于人基本的自然需要。物质生活的需要是为了满足自己的生命需要,生理需要则是为了满足自己的最原始的对异性的渴求,也是为了生产新的生命,即人口增殖。有生命的、现实的个人的存在是人类社会历史存在的第一个前提。因此,作为人类自身生产的生理需要,也是人的自然需要。马克思指出,人的自然需要不是纯粹的自然需要,而是历史上随着一定的文化水平而发生变化的自然需要。[③]

关于人的社会需要。人的本质是一切社会关系的总和,人不但是自然的人,更是社会的人。人的社会需要是人的根本需要,是人的本质的体现。马克思指出,从最早的人类出现开始,个人的需要就不得不依赖于集体需要或社会需要的满足而满足。在面对神秘而强大的自然界,弱小的人类个体只有依靠群体协作才能保证自己的生存需要,只有依靠群体的力量才能获得食物和保证生命安全,

① 中共中央马克思恩格斯列宁斯大林著作编译局.马克思恩格斯全集(第四十二卷上册)[M].北京:人民出版社,1979.

② 中共中央马克思恩格斯列宁斯大林著作编译局.马克思恩格斯选集(第三卷)[M].北京:人民出版社,1995.

③ 中共中央马克思恩格斯列宁斯大林著作编译局.马克思恩格斯全集(第四十七卷)[M].北京:人民出版社,1979.

因此，人与人之间是一种相互需要、相互依存的关系。这种依存关系的范围会随着社会的发展而变得越来越广泛。人们在物质生产实践中所发生的交往关系是决定一切社会关系的最基本的关系。人类社会最初的社会关系就是一种物质生产关系，人们通过物质交换来满足自己的物质生活需要。人们之间的社会关系随着需要和生产的发展变得越来越复杂，不断产生出新的社会关系。作为社会的人，我们在社会生产和生活中，为了生存和发展的需要，就必然会有交往的需要和合作的需要。

关于人的精神需要。精神需要是人特有的，是人类区别于动物的标志之一。人的精神需要的满足通常是与人的社会生活联系在一起的。相对于人的自然需要和社会需要而言，人的精神需要是较高层次的需要，需要通过精神生产来满足。伴随人类的进步和社会的发展，精神需要越来越受到人们的重视，在人的需要中所占的比例也越来越大。

(2)人的需要的层次

人的需要是有层次的，并随着社会的发展而不断发展。马克思将人的需要划分为三个层次，由低到高分别是人的生存需要、享受需要和发展需要。

关于人的生存需要。它是人为了维持自身生命以及人口增殖的需要。一切人类生存的第一个前提也就是一切历史的第一个前提，这个前提就是：人们为了能够“创造历史”必须能够生活。[①]只有当人的生存、生活需要得到满足时，人的生命才得以维持，人才会有其他方面的需要。马克思把人的生存需要称为“必要的需要”和“动物的需要”。他认为，人的生存需要是人最基本的需要，也是人必不可少的需要，是比较简单和容易满足的需要，是人的最低层次需要。

关于人的享受需要。人的生存需要得到满足后，人就会追求享受的需要。人的享受需要是在生存需要得到满足后所追求的较高层次的需要。正如恩格斯所说，人类的生产在一定的阶段上会达到这样的高度：能够不仅生产生活必需品，而且生产奢侈品，即使最初只能为少数人生产。这样，生存斗争——假定我

① 中共中央马克思恩格斯列宁斯大林著作编译局.马克思恩格斯全集(第三卷)[M].北京：人民出版社，1960.

们暂时认为这个范畴在这里仍然有效——就变成了为了享受而斗争,而不再是单纯地为了生存资料而斗争。[①]因此,享受的需要也是人的一种基本需要。这种需要会随着生产力的发展而变得越来越多,也使越来越多的人得到这种满足。

关于人的发展需要。发展的需要是人的需要层次结构中最高层次的需要,是人们提升自我、完善自我的需要。已经得到满足的第一个需要本身、满足需要的活动和已经获得的为满足需要用的工具又引起新的需要。[②]人的发展需要是人的本质的体现,是人与动物的本质区别,因为动物仅仅利用外部自然界,简单地通过自身的存在在自然界中引起变化;而人则通过他所作出的改变来使自然界为自己的目的服务,来支配自然界。[③]当一个需要得到满足以后,又会产生新的需要,促使人的需要不断丰富和发展,需要的层次不断提高,最终使人获得全面发展的需要。

马克思关于人的需要理论强调人的自然、社会和精神三方面的需要,以及人的生存、享受和发展三个层次的需要。

大学生志愿服务是一项社会实践活动,能增强大学生的生存和生活技能,满足大学生的自然需要和生存需要。

志愿服务是一项社会活动,能让大学生更广泛地接触社会,学习社会知识,为社会做贡献,满足大学生的社会需要。志愿服务能拓展大学生的社会交往范围,帮助大学生获得更多的人生经历和体验,获得更多的社会知识,提升大学生的社会交往能力和社会适应能力,促进大学生社会化。大学生志愿服务帮助大学生不断融入社会,并实现自我的社会价值。志愿服务让大学生在服务过程中,与服务对象、其他志愿者等之间建立起良好人际关系,提升大学生的沟通协调能力、人际交往能力等,进而帮助大学生建立起和谐友好的社会关系。志愿服务使大学生拓宽了视野,增加了知识面,提升了技能,提高了服务社会的本领。这些

① 中共中央马克思恩格斯列宁斯大林著作编译局.马克思恩格斯全集(第三十四卷)[M].北京:人民出版社,1972.

② 中共中央马克思恩格斯列宁斯大林著作编译局.马克思恩格斯全集(第三卷)[M].北京:人民出版社,1960.

③ 中共中央马克思恩格斯列宁斯大林著作编译局.马克思恩格斯选集(第四卷)[M].北京:人民出版社,1995.

都能培养大学生的亲社会人格，为大学生适应社会创造良好条件。

大学生志愿服务是一项奉献社会、服务他人的高尚活动，能满足大学生的精神需要。志愿服务让大学生志愿者在完成志愿服务任务后，能享受到成功的喜悦和助人为乐的愉悦。志愿服务能满足大学生价值实现的需要，是他们实现自我价值的沃土。在志愿服务中，大学生因为帮助他人和服务社会而产生愉悦感，找到自我存在的价值，能在精神上得到前所未有的满足，这也满足了大学生自身享受的需要。作为一种社会实践，志愿服务在为大学生提供服务平台的同时，也为大学生提供了实现自我价值的良机。在志愿服务精神的激励下，大学生在志愿服务中深深地感受和体会到社会、他人对自己的需要，真切直接地感受到自身价值的存在，并不断为实现自我价值而努力。志愿服务为大学生提供实践机会，让大学生在实践中受教育、长才干，这充分满足了大学生成长的需要。

总之，志愿服务满足了大学生自然、社会和精神三方面的需要，以及生存、享受和发展三个层次的需要。综上，马克思关于人的需要理论，是大学生志愿服务的重要理论支撑。

3. 教育与生产劳动相结合的理论

马克思指出：未来教育对所有已满一定年龄的儿童来说，就是生产劳动同智育、体育相结合，它不仅是提高社会生产的一种方法，而且是造就全面发展的人的唯一方法。[①]只有把生产劳动同智育、体育结合起来，才能提升人的综合素质和能力，最终实现人的全面发展。

马克思有不少关于“教劳结合”的论述。在《共产党宣言》中，他谈道：对所有儿童实行公共的和免费的教育，取消当时这种形式的儿童的工厂劳动，把教育同物质生产劳动结合起来，等等。[②]他在《哥达纲领批判》中指出：生产劳动和教育

---

① 中共中央马克思恩格斯列宁斯大林著作编译局.马克思恩格斯选集（第三卷）[M].北京：人民出版社，1995.

② 中共中央马克思恩格斯列宁斯大林著作编译局.马克思恩格斯选集（第一卷）[M].北京：人民出版社，1995.

的早期结合是改造现代化社会的最强有力的手段之一。[①]生产劳动是劳动的这样一种规定，这种规定本身同劳动的一定内容，同劳动的特殊有用性或劳动所借以表现的特殊使用价值绝对没有关系。同一内容的劳动可以是生产劳动，也可以是非生产劳动。[②]生产劳动与非生产劳动之间的区别仅仅在于：劳动是与作为货币的货币相交换，还是与作为资本的货币相交换。[③]即是说，所有能让资本增值的劳动都是生产劳动，否则，即为非生产劳动。由此可见，马克思所说的生产劳动并非特指体力劳动。但在当时的条件下，工人不具备不劳动而接受教育的条件，他们的劳动绝大部分属于体力上的劳动。从这个意义上来说，生产劳动主要是指人的体力劳动。教劳结合，既立足于现实需要，又从更大程度上着眼于未来。所以，生产劳动不但包括促使资本增值的劳动，还应包括公益劳动、生产性劳动、经营性劳动等。“在社会主义社会中，劳动将和教育相结合，从而保证多方面的技术训练和科学教育的实践基础。”[④]

列宁在俄共（布）八大党纲中提出，对17岁以下的全体男女儿童实行免费的和义务的普通和综合技术教育，使教学跟社会生产劳动紧密结合起来。他认为，没有年轻一代的教育和生产劳动相结合，未来社会的理想是不能想象的：无论是脱离生产劳动的教学和教育，或是没有同时进行教学和教育的生产劳动，都不能达到现代技术水平和科学知识现状所要求的高度。[⑤]在《共青团的任务》中，列宁强调，把自己的训练、学习和教育同工农的劳动结合起来，不要关在自己的学校里，不要只限于阅读共产主义书籍的小册子，只有在劳动中同工农打成一片，

① 中共中央马克思恩格斯列宁斯大林著作编译局.马克思恩格斯全集（第十九卷）[M].北京：人民出版社，1963.

② 中共中央马克思恩格斯列宁斯大林著作编译局.马克思恩格斯全集（第四十九卷）[M].北京：人民出版社，1982.

③ 中共中央马克思恩格斯列宁斯大林著作编译局.马克思恩格斯全集（第四十九卷）[M].北京：人民出版社，1982.

④ 中共中央马克思恩格斯列宁斯大林著作编译局.马克思恩格斯全集（第二十卷）[M].北京：人民出版社，1971.

⑤ 中共中央马克思恩格斯列宁斯大林著作编译局.列宁全集（第二卷）[M].北京：人民出版社，1984.

才能成为真正的共产主义者。[1]他认为，青年应该将所学书本知识用于实践中，在实践中产生感性认识，并把感性认识上升为理性认识，再把理性认识付诸实践，从而提高自己，促进自己的全面发展。列宁非常重视青年参加以生产劳动为基本方式的社会实践。他强调，只有勇于走出校园，积极投身社会实践，参加生产劳动，青年才能健康成长和全面发展。

毛泽东指出，知识青年参与革命和建设的实践，走与工农结合的道路，是知识青年成才和全面发展的根本途径。他认为，苏维埃文化教育的总方针，在于以共产主义的精神来教育广大的劳苦民众，在于使文化教育为革命战争与阶级斗争服务，在于使教育与生产劳动联系起来。[2]毛泽东指出，与原来的教育不同，我们现在的教育是把学习革命理论与实行生产劳动有机结合起来。1958年《关于教育工作的指示》强调必须实现教劳结合，并把“教劳结合”作为教育方针的重要内容。毛泽东指出，教育必须为无产阶级政治服务，必须同生产劳动相结合，劳动人民要知识化，知识分子要劳动化，彻底打破教育与生产劳动相分离的局面。[3]儿童时期需要发展身体，这种发展要是健全的。儿童时期需要发展共产主义的情操、风格和集体英雄主义的气概，这是我们时代的德育。这二者同智育是联结一道的。二者都同从事劳动有关，所以教育与劳动结合的原则是不可移易的。[4]我们的教育方针，应该使受教育者在德育、智育、体育几方面都得到发展，成为有社会主义觉悟的有文化的劳动者。[5]毛泽东强调，教劳结合是知识分子与工农结合的重要方式，是培养有觉悟的有文化的共产主义新人的根本途径。

邓小平1978年《在全国教育工作会议上的讲话》指出：马克思、恩格斯、列宁和毛泽东同志都非常重视教育与生产劳动的结合，认为在资本主义社会里这是改造社会的最强有力的手段之一；在无产阶级取得政权之后，这是培养理论与实

① 中共中央马克思恩格斯列宁斯大林著作编译局.列宁全集(第三十一卷)[M].北京：人民出版社，1958.

② 中共中央文献研究室.建国以来重要文献选编(第十一册)[M].北京：中央文献出版社，1995.

③ 中共中央文献研究室.建国以来重要文献选编(第十九册)[M].北京：中央文献出版社，1998.

④ 中共中央文献研究室.毛泽东文集(第七卷)[M].北京：人民出版社，1999.

⑤ 中共中央文献研究室.毛泽东文集(第七卷)[M].北京：人民出版社，1999.

际结合、学用一致、全面发展的新人的根本途径。现代经济和技术的迅速发展，要求教育质量和教育效率的迅速提高，要求我们在教育与生产劳动结合的内容上、方法上不断有新的发展。[①]因此，为了培养社会主义建设需要的合格的人才，我们必须认真研究在新的条件下，如何更好地贯彻教育与生产劳动相结合的方针。各级各类学校对学生参加什么样的劳动，怎样下厂下乡，花多少时间，怎样同教学密切结合，都要有恰当的安排。更重要的是整个教育事业必须同国民经济发展的要求相适应。[②]邓小平多次强调，教育必须与生产劳动相结合，要面向现代化、面向世界、面向未来，为社会主义现代化建设培养有理想、有道德、有文化、有纪律的合格建设者和接班人。

江泽民指出：教育与生产劳动相结合是坚持社会主义教育方向的一项基本措施。事实证明，如果只是让学生关起门来读书，不参加劳动，不接触社会实践，不了解工人农民是怎样辛勤创造社会财富的，不培养劳动人民感情，是不利于他们健康成长和全面发展的。学生适当参加一些物质生产劳动，应该成为一门必修课。[③]我们必须全面贯彻党的教育方针，坚持教育与社会实践相结合，以提高国民素质为根本宗旨，以培养学生的创新精神和实践能力为重点，努力造就有理想、有道德、有文化、有纪律的，德育、智育、体育、美育等全面发展的社会主义事业建设者和接班人。[④]

胡锦涛强调：要实行多样、灵活、开放的办学模式，把教育教学与生产实践、社会服务、技术推广结合起来，加强实践教学和就业能力的培养。[⑤]胡锦涛强调，要把理论教育同社会实践结合起来，既重视课堂教育，又注重鼓励大学生参与社会服务。全面贯彻和落实党的教育方针，必须坚持教育与生产劳动相结合，要坚持“育人为先、德育为本”，广泛开展素质教育，努力培养全面发展的社会主义现代化事业的合格建设者和可靠接班人。2009年5月，胡锦涛在与中国农大

① 邓小平．邓小平文选（第二卷）[M]．北京：人民出版社，1994.
② 邓小平．邓小平文选（第二卷）[M]．北京：人民出版社，1994.
③ 江泽民．江泽民文选（第一卷）[M]．北京：人民出版社，2006.
④ 江泽民．江泽民文选（第二卷）[M]．北京：人民出版社，2006.
⑤《新华月报》编辑部．十六大以来党和国家重要文献选编上[M]．北京：人民出版社，2005.

师生共迎青年节时，号召广大青年大学生要把深入实践作为成才的必由之路，把奉献社会作为一生的不懈追求。

习近平提出"努力构建德智体美劳全面培养的教育体系"，强调把劳动教育纳入人才培养全过程，贯通大中小学各学段和家庭、学校、社会各方面。2013年在同全国各族少年儿童代表共庆六一国际儿童节时，习近平强调，少年儿童从小就要立志向、有梦想，爱学习、爱劳动、爱祖国，德智体美全面发展，长大后做对祖国建设有用的人才。[①]为深入学习贯彻习近平总书记系列重要讲话精神，落实立德树人根本任务，全面实施素质教育，教育部要求在全国各级各类学校深入开展"爱学习、爱劳动、爱祖国"（"三爱"）教育，要求各学校走出校园，走进工厂，深入田间地头，参与劳动体验，推动志愿服务活动和学雷锋活动常态化；要求城市中小学校在每个学段安排至少一次农业生产劳动体验和工业生产实习活动，要求农村中小学校普及校园种植养殖，尽可能建立"学校+农户试验田"模式，让学生切身体验生产劳动。

2018年9月10日，习近平在全国教育大会上强调："要在学生中弘扬劳动精神，教育引导学生崇尚劳动、尊重劳动。"2020年3月20日，中共中央、国务院印发《关于全面加强新时代大中小学生劳动教育的意见》，全面部署加强新时代大中小学生劳动教育。劳动教育反映教育"实践性"的本质要求，旨在实现教育与生产劳动和社会实践相结合。2021年4月29日全国人大常委会作出修改《中华人民共和国教育法》的决定，从国家法律上明确新时代教育方针表述为"教育必须为社会主义现代化建设服务、为人民服务，必须与生产劳动和社会实践相结合，培养德智体美劳全面发展的社会主义建设者和接班人"。

教育与生产劳动相辅相成，相互促进。生产劳动是教育的基础、源泉、出发点和归宿，教育则推动、促进生产劳动不断发展、提高。志愿服务使学校教育与社会实践有机结合起来，促进大学生在实践中不断成长。志愿服务让大学生在实践中获得感性认识，并把感性认识上升为理性认识，又把理性认识付诸实践，这样不断提高自己的认识。作为大学生社会实践的重要形式，志愿服务能让大学生在服务中不断发展和进步。

① 共青团十六大以来大事记[N]. 中国青年报，2013-6-17.

总的来说，教劳结合理论，强调把学校教育与生产实践有机结合，促进人的全面发展。志愿服务作为大学生思想政治教育的重要载体，具有重要的思想政治教育功能，能明显增强思想政治教育实效。志愿服务是实践育人的重要途径，能弥补课堂教育的不足，促进大学生在实践中成长成才。志愿服务是目前大学生比较喜爱的社会实践形式之一，它能帮助大学生学以致用，将所学到的理论知识应用于生动的社会实践中，促进理论与实践相结合、教育与自我教育相结合，实现知行统一，促进大学生全面发展。因此，教育与生产劳动相结合理论为大学生志愿服务提供了重要的理论支撑。

（二）大学生志愿服务的知识借鉴

大学生志愿服务不仅有马克思主义理论为支撑，同时还借鉴其他相关学科知识，以不断丰富和发展自己的理论体系。概括来讲，大学生志愿服务主要借鉴以下学科知识。

1.社会学知识借鉴

社会学是研究社会和社会问题的一门科学。它把社会作为一个整体，研究社会生活的方方面面，探讨各种社会现象之间的关系和发展变化规律。

第一，社会学研究的丰硕理论成果可以为大学生志愿服务提供资料和借鉴。如，社会学研究的人的社会化问题，其中包含了人的政治社会化和道德社会化，这些知识能为大学生志愿服务提供帮助。志愿服务作为高校社会实践的一种重要形式，是大学生参与社会生活、服务社会的重要方式，是促进大学生社会化的重要途径，帮助大学生树立远大的理想，培养高尚的道德品质，明确社会责任，实现思想政治和道德的社会化。还有，社会学研究的人际关系及交往方式，以及其所揭示的规律性，为大学生志愿服务中遇到的同类问题，提供了经验和方法。大学生参与志愿服务的过程也是大学生社会化的过程，志愿服务可以帮助大学生实现社会化。大学生通过参与志愿服务，不断认识社会、适应社会，丰富自己的社会阅历和社会知识，不断充实和完善自己，使自己从一个自然人逐渐蜕变为一个社会人。

第二，社会学的研究方法为大学生志愿服务提供了借鉴。社会学有一套较为成熟的社会调查和统计分析方法，如抽样调查法、问卷调查法、访谈法、统计推论法等。这些方法都为大学生志愿服务提供了借鉴，对于实现大学生志愿服务研究的定性和定量分析相结合，进一步丰富大学生志愿服务理论有重要的意义。

2.心理学知识借鉴

心理学是研究人的心理现象和心理规律的科学。它研究人的心理活动现象和规律，研究如何培养健康心理、治疗心理疾病等问题，这些能为大学生志愿服务提供借鉴。增强心理素质、保持心理健康、培养良好个性是大学生志愿服务的重要功能。大学生志愿服务充分借鉴心理学的知识，如注重认知、情感、行为相结合，对于促进大学生心理素质的提高和保持健康心理具有重要意义。

3.伦理学知识借鉴

伦理学是以道德为研究对象的科学，它不但研究道德起源、道德本质和道德关系及其发展规律，对道德修养、道德教育也有所研究。道德教育的目的在于通过有组织、有目的的教育，使人们在实践基础上确立某种道德认识、道德情感，养成某种道德习惯。志愿服务是对大学生进行思想道德教育的重要载体，是提高大学生思想道德素质的重要途径，是大学生自我道德教育和自我道德修养的过程，是大学生思想道德由不完善向完善发展的过程。因此，伦理学中不少知识可以直接引入和运用于大学生志愿服务中，更好地帮助大学生提高正确的道德认识、陶冶高尚的道德情操、磨炼坚强的道德意志、树立坚定的道德信念，将社会要求的道德原则和道德规范，“内化”为个体的道德品质，并“外化”为个体的道德行为和习惯。

4.人格学知识借鉴

所谓人格是现实的有特色的完整的个人，是人经由社会化获得的，具有内在统一性和相对稳定性的个人特质结构和动力结构，是人的思想和行为的综合。[①]人格学是研究人格模式、结构、特质及人格形成和发展变化规律的学问，是指导人们实现人格社会化的一门应用型学科。志愿服务是帮助大学生塑造健

① 陈秉公.思想政治教育学原理[M].北京：高等教育出版社，2006.

康人格的重要渠道。人格学关于人格塑造的原则和方法,如个性与共性相统一原则,知行统一原则,人格的自我塑造等,都给大学生志愿服务提供了丰富的知识借鉴。

5.教育学知识借鉴

教育学是研究教育现象,揭示教育规律的一门科学,主要探讨教育的原理、内容和方法等,是整个教育科学体系中的基础学科。大学生志愿服务是大学生理论教育与实践教育有机结合的重要载体,是整合教育与自我教育、学校教育与社会教育力量的重要途径,是加强大学生思想政治教育的重要手段。教育学的某些理论和知识,值得大学生志愿服务借鉴。

6.行为科学知识借鉴

行为科学是研究人类行为规律的科学,是国家现代管理的主要学派之一。行为科学的基本观点是人的任何行为都有目标,目标由动机决定,而动机由需要引起。志愿服务能满足大学生的精神需要,是大学生实现自我价值的重要途径。参加志愿服务是大学生自觉自愿的行为。在志愿服务中,大学生能学会正确处理人与人之间的关系,确立良好和谐的人际关系,实现社会化。因此,行为科学中的知识,对于研究大学生志愿服务行为的动机和需要,具有一定的借鉴意义。

第二章　大学生志愿服务的类型

大学生志愿服务是大学生广泛参与的社会公益实践活动，有其基本理论。按照不同的划分标准，大学生志愿服务可以分为不同类型。大学生志愿服务所涉及的领域比较广泛，服务内容颇为丰富。大学生志愿服务在促进人类社会发展、社会精神文明建设、提升大学生综合素质等方面发挥了重要功能。广泛深入地开展大学生志愿服务，是为了满足社会的发展需要、大学生的成长需要，倡导良好的社会文明风尚，更广泛地传播志愿文化等。

大学生志愿服务的类型，可以按其功能、受益对象、项目类型、归属管理机构、活动领域等进行划分。英国学者史密斯将志愿服务归纳为四种基本类型：互助或自助（Mutual Aid or Self-help）、慈善或为他人服务（Philanthropy or Service to Others）、参与（Participation）、倡导与运动（Advocacy and Campaigning）。[①]这四种志愿服务类型在我国的大学生志愿服务实践中出现过，但其形式与其他国家的有所不同。

① 丁元竹，江汎清．志愿活动研究：类型、评价与管理[M]．天津：天津人民出版社，2001．

一、大学生志愿服务类型定义

“类”是指许多相似或相同事物的综合，“类型”是指具有共同特征的事物所形成的种类。[①]由此，本研究认为，大学生志愿服务类型，是指大学生志愿服务中具有共同特征的事物所形成的种类，是从大学生志愿服务中概括、提炼出来的共同点。

根据不同的划分标准，可将其划分为不同的类型。融燕、詹瞻在《对大学生参加志愿服务的思考》中将青年志愿服务划分为四种类型，即政策实践型、专业资格型、街区日常型、阶段性公共活动型。[②]林诚彦认为，按照工作对象是否为服务对象，可以把志愿服务分成直接志愿服务、间接志愿服务。直接志愿服务是指志愿者直接为受助人员提供服务；间接志愿服务是指志愿者虽然没有直接帮助志愿服务对象，却通过付出时间和精力参与助人过程。根据组织形式，可以把志愿服务分为正式的志愿服务、非正式的志愿服务两种类型。根据志愿服务的经济补偿(津贴)，可以将志愿服务分为实报实销、基本补贴、完全补偿。[③]张网成从志愿者的角度，将志愿服务分为有组织的正式的志愿服务、非组织的非正式的志愿服务。[④]

综上，本研究从大学生志愿者的角度，将大学生志愿服务分为有组织的正式的大学生志愿服务、非组织的非正式的大学生志愿服务两种类型。

二、有组织的正式的大学生志愿服务

在理解“有组织的正式的志愿服务”之前，必须先弄清楚什么是志愿服务组织。对于“志愿服务组织”的概念，学界目前还没有明确统一的界定。比较完整地阐述其定义的多见于相关的规章制度和法律条文当中。例如，2005年《中国

---

① 中国社会科学院语言研究所词典编辑室.现代汉语词典(第七版)[Z].北京:商务印书馆,2017.

② 融燕,詹瞻.对大学生参加志愿服务的思考[J].北京电子科技学院学报,2007(1):77-81.

③ 林诚彦.志愿服务与践行[M].广州:华南理工大学出版社,2014.

④ 张网成.中国公民志愿行为研究(2011)——现状、特点及政策启示[M].北京:知识产权出版社,2011.

社区志愿者注册管理办法》中将社区志愿者组织界定为社区志愿者的管理单位，负责建立健全社区志愿服务的规章制度，组织开展社区志愿者的服务活动，负责社区志愿者的招募、注册、培训、管理、考核、表彰以及宣传等相关事宜。国务院2017年发布的我国第一部关于志愿服务的全国性行政法规《志愿服务条例》将志愿服务组织界定为依法成立，以开展志愿服务为宗旨的非营利性组织。

从这些定义中可以看出，志愿服务组织的概念包含了两方面含义：一是有组织地开展志愿服务活动，绝非志愿者的个人行为。志愿者必须具备组织所要求的条件和素质，享有一定权利并履行一定义务。二是其主要任务是组织开展志愿服务活动，促进志愿服务健康发展，承担志愿者的招募、注册、培训、考核、评价等一系列管理工作。

综合以上分析，本研究认为，志愿服务组织是由自愿从事志愿服务事业的志愿者个体组成的、专门从事志愿服务工作和志愿者管理工作的特殊公益机构，是促使志愿服务活动顺利开展和志愿服务事业健康发展的非营利性团体。与其他组织相比，志愿服务组织具有正规性、志愿性、公益性、独立性等特点。

有组织的正式的志愿服务，包含了“有组织的志愿服务”和“正式的志愿服务”两方面含义。有组织的志愿服务是指志愿者参与志愿服务活动是在相关组织的组织和指导下进行的，既包括为这些组织提供服务，也包括通过这些组织向第三方提供服务。①正式的志愿服务是指人们通过志愿服务组织、非营利组织或公共服务部门等参与志愿服务。②

由此引申，本研究认为，有组织的正式的大学生志愿服务，是指在高校相关部门的领导和指导下，以及大学生志愿服务组织的策划和带领下，大学生志愿者为其他组织或个人提供的志愿服务的总和。这种志愿服务是在志愿服务组织的发起、组织和推动下开展的，是以大学生志愿者为主体的志愿服务活动。这些志愿服务活动通常与政府、高校联系紧密，活动资金、服务项目等都受到政府或者高校的支持，是一种正式的志愿服务活动。

---

① 张网成.中国公民志愿行为研究(2011)——现状、特点及政策启示[M].北京：知识产权出版社，2011.

② 林诚彦.志愿服务与践行[M].广州：华南理工大学出版社，2014.

三、非组织的非正式的大学生志愿服务

通常，大学生志愿服务是在高校相关组织的领导下开展的，基本都属于有组织的正式的志愿服务。但也有的大学生志愿服务活动，并未通过成立志愿服务社团或挂靠学校某一单位来开展，而是由大学生自发组织参与、自主开展的。这种形式的志愿服务，就属于非组织的非正式的志愿服务。非组织的非正式的志愿服务，包含了“非组织的志愿服务”“非正式的志愿服务”两层含义。非组织的志愿服务是指志愿者以个体名义直接向服务对象提供的无偿服务。[①]非正式的志愿服务是指人们不是通过正式的组织来开展志愿服务，而是通过付出自己的时间直接给予同一社区的邻居、朋友帮助和支持。[②]

本研究认为，非组织的非正式的大学生志愿服务，是指大学生志愿者不通过任何正式的志愿服务组织，而是以个人的名义直接为其他组织或个人提供的志愿服务的总和。这是大学生个体直接的志愿服务行为，是一种非正式的志愿服务，是大学生本着志愿服务精神，在没有任何正式的志愿服务组织的带领和指导下，直接为社会或他人自愿无偿奉献自己的时间、精力、技能等的志愿服务活动。这种志愿服务基本没有政府、高校等为其提供资金支持，也没有高校相关单位的组织和领导，完全属于大学生自发性的志愿服务行为。

① 张网成. 中国公民志愿行为研究(2011)——现状、特点及政策启示[M]. 北京：知识产权出版社，2011.

② 林诚彦. 志愿服务与践行[M]. 广州：华南理工大学出版社，2014.

第三章　大学生志愿服务的内容

大学生志愿服务内容是大学生志愿服务内部所包含的所有因素的总和。大学生志愿服务领域宽泛，内容丰富，主要包含：扶贫助困、社区建设、公益活动、应急救援、海外服务等。

一、大学生志愿服务内容含义

现代汉语词典中，“内容”是指事物内部所含的实质或存在的情况。[①]在学界，学者们对大学生志愿服务内容的界定不尽相同。肖海珍认为，大学生志愿服务活动的内容主要包括：扶贫助困、大型活动、环境保护、社区服务、应急救援等。[②]丁振认为，大学生志愿服务内容主要包括救助社会弱势群体、开展社会公共服务和创建先进文明道德风尚。[③]

综上，本研究认为，大学生志愿服务内容是指大学生志愿服务内部所包含的实质或大学生志愿服务的存在情况。概括来讲，大学生志愿服务内容主要有：包含中国青年志愿者扶贫接力计划、大学生志愿服务西部计划、研究生支教团、暑

① 中国社会科学院语言研究所词典编辑室．现代汉语词典(第七版)[Z]．北京：商务印书馆，2017.

② 肖海珍．大学生志愿服务活动的思想政治教育作用发挥状况及其对策[D]．武汉：华中师范大学，2012.

③ 丁振．大学生志愿服务及其思想政治教育功能[D]．开封：河南大学，2012.

期文化科技卫生“三下乡”活动、关爱农民工子女行动等在内的扶贫助困，包含“一助一”长期结对服务、“四进社区”活动、敬老助老“金晖行动”、“邻里守望”志愿服务活动等在内的社区建设，包含环保志愿服务、大型赛事志愿服务、校园志愿服务、公益机构志愿服务等在内的公益活动，包含应急救灾、抢险救助等方面的应急救援，包含国际救援行动、国际援助行动等方面的海外服务。

二、扶贫助困

为帮助贫困地区发展，改善贫困地区的落后面貌，提高人民的生活水平，党和政府组织开展了一系列扶贫助困项目。我国大学生是参与这些扶贫助困项目的重要力量。大学生积极参加扶贫助困项目，在各级党团等组织的指导带领下，帮助贫困地区或者贫困家庭解决实际困难。因此，扶贫助困是我国高校大学生志愿服务的内容之一，具体体现为以下主要形式。

（一）中国青年志愿者扶贫接力计划

1996年开展实施的“中国青年志愿者扶贫接力计划”，是贯彻落实科教兴国战略和国家“八七”扶贫攻坚计划的具体措施，是大学生志愿者参与国家扶贫助困服务工作的重点项目之一。

该项计划于1996年开始试点，1998年在全国范围内广泛开展。该计划面向大专以上学历、年龄在20~45岁之间的志愿者，秉承“公开招募、自愿报名、集中报名、统一培训选派”的原则，采取“定期轮换、长期坚持”的接力机制，选拔组织青年大学生或者研究生志愿者前往贫困地区开展“支教”“支医”和“支农”等志愿服务工作，服务期限为半年至一年或者一年至两年。该计划的广泛开展和实施，帮助中西部等贫困地区缓解了缺少教师、医生、农技人员等人才的困难，促进了中西部地区教育、医疗、农业科技水平等的发展和提高。青年志愿者们在服务过程中砥砺了品格、锻炼了能力、增长了才干。

(二)大学生志愿服务西部计划

根据《国务院办公厅关于做好2003年普通高等学校毕业生就业工作的通知》的要求和2003年全国高校毕业生就业工作电视电话会议精神,共青团中央联合教育部等实施了“大学生志愿服务西部计划”。该计划是中央部门组织实施的四大基层就业项目之一,自2003年开始启动。

该计划按照“公开招募、自愿报名、组织选拔、集中派遣”的方式,每年定期招募并派遣一批高校应届毕业生,远赴西部贫困乡镇,从事一至三年的教育、扶贫以及青年中心建设、管理等方面的志愿服务工作。服务期满后,鼓励志愿者扎根西部基层,或者让其自主择业、流动就业。此项计划旨在引导大学生到西部等祖国和人民需要的基层去建功立业,促进西部地区发展和拓宽大学生就业渠道。截至2022年1月,该计划已累计招募选派41万余名高校毕业生和在读研究生,到中西部地区2100多个县(市、区、旗)基层乡镇,开展“支教、支农、支医”,扶贫一线的志愿服务。

重庆“山茶花”大学生扶贫接力志愿服务行动。该项目是2008年8月,共青团重庆市委与重庆市扶贫办在征得全国西部计划项目办同意后,联合组织实施的大学生志愿服务西部计划的重庆地方项目。该项目2016年升级为“山茶花”大学生脱贫攻坚志愿服务行动(简称“山茶花”行动)。截至2020年,该项目共选派2400多名“山茶花”青年志愿者赴18个贫困区(县)及18个深度贫困乡镇,围绕精准扶贫、精准脱贫,开展为期一至三年的政策宣传、建档立卡、电商培训、产业帮扶等扶贫志愿服务。

(三)研究生支教团

中国青年志愿者研究生支教团是全国青年志愿者扶贫接力计划示范项目,自1998年开始实施,从全国36所重点高校中招募了400余名推免研究生志愿者,到全国16个国定贫困县,从事为期一年的基础教育工作。采取“公开招募、自愿报名、统一审批、定期轮换”的“志愿加接力”的方式,每年在全国部分高校招募一定数量具有保研资格和奉献精神的应届本科毕业生或者在读研究生,到中西部贫困地区开展为期一年的“支教”志愿服务，同时也力所能及地从事一些志愿扶贫服务工作，服务期满返校后则继续攻读硕士学位。自2001年7月起，该支教团并入“大学生志愿服务西部计划”的基础教育专项。

当代大学生志愿者的典型人物徐本禹，2003年至2005年连续两年在贵州山区参与支教。2005年，华中农业大学成立“本禹志愿服务队”。2013年，在中国青年志愿者行动实施20周年之际，习近平给“本禹志愿服务队”回信，肯定他们在服务他人和奉献社会中所取得的成绩与进步，勉励他们继续弘扬“奉献、友爱、互助、进步”的志愿服务精神。截至2019年8月，湖北省共建立“本禹志愿服务队”182支，参加人数达到13.2万余人。

（四）暑期文化科技卫生“三下乡”活动

1996年12月，中央宣传部、国家科委等十部委联合下发了《关于开展文化科技卫生“三下乡”活动的通知》。“三下乡”活动从1997年起正式实施，每年组织百万余名大中专学生，深入农村基层，充分发挥志愿者的知识优势和专业才能。在农村基层开展形式多样、内容丰富的扫盲服务工作，送“文化、科技、卫生”下乡，推动农村经济建设和社会发展。此项志愿服务活动，把大学生成长报国的理想同农村经济社会发展的需要有机结合起来，组织和引导大学生在火热的实践中受教育、长才干、做贡献。

（五）关爱农民工子女行动

为深入贯彻和落实中央文明委2008年《关于深入开展志愿服务活动的意见》，动员志愿者为农民工子女健康成长提供切实有效的帮扶，共青团中央、中国青年志愿者协会在全国范围内实施了“共青团关爱农民工子女志愿服务行动”。

该行动于2010年5月4日在全国范围内全面启动。各级团组织、青年志愿者组织广泛动员大中专院校的青年志愿者，在全国城乡开展了感受城市、学业辅导、亲情陪伴、爱心捐助、自护教育等活动，切实有效地为农民工子女提供帮扶。

为进一步深化服务内容，确保服务持续深入推进，共青团中央于2011年11月推行“七彩课堂”活动。“七彩课堂”是根据农民工子女健康成长的实际需要，基层志愿服务团队和志愿者开展的志愿服务活动的统称。“七彩”寓意通过“关爱行动”帮助广大农民工子女拥有丰富多彩的学习生活和健康快乐的成长历程。同时开展了“七彩小屋”项目，该项目为农民工子女配备有电脑、电视、书籍及各类文体用品等，成为青年志愿者为农民工子女提供经常性志愿服务的阵地和农民工子女课余学习和活动的场所。

三、社区建设

从一定意义上讲，志愿服务发端于社区志愿服务，并随着社区志愿服务的发展而发展。社区志愿服务是一种民间志愿服务。我国的社区志愿服务开始于天津市和平区新兴街道朝阳里居委会13名社区积极分子组成的为民服务志愿者小组。在中央文明办、民政部等部门的支持下，共青团中央于1994年推出“青年志愿者社区发展计划”，引导并鼓励大学生积极参加社区志愿服务。1996年12月，共青团中央联合国家教委和民政部门共同下发了《关于在城镇街道开展“大学生社区援助”的意见》，并组成了全国大学生志愿者社区援助服务活动领导小组，这标志着大学生志愿者社区援助活动正式启动。2013年12月，中国志愿者联合会倡导开展“邻里守望”活动，为广大青年志愿者参与社区服务提供了平台。

通过参与社区志愿服务，大学生为社区居民提供公益性、福利性的志愿服务，这不仅能弥补社会服务的不足，还可以培养大学生的社会责任感，让大学生为构建社会主义和谐社会贡献青春力量。大学生社区志愿服务在促进社区建设、提高社区居民物质和文化生活水平等方面发挥了巨大作用。大学生志愿者正日益成为社区志愿服务的主要力量。因此，社区建设成为大学生志愿服务的又一内容，有以下主要形式。

（一）“一助一”长期结对服务

“一助一”长期结对服务于1994年初开始启动，是在青年志愿者组织的协助下，由一支志愿者队伍或者一名志愿者为一个家庭提供长期性的志愿服务。这种一对一的结对服务方式，在志愿者与服务对象间建起了一种长期、稳定的关系。在这一活动中，广大大学生志愿者走进社区，为孤寡老人、国家优抚对象、特困学生等社区弱势群体，提供长期的志愿服务。“一助一”结对服务，是大学生志愿者下到基层、深入群众的一项经常性和基础性的服务。

（二）“四进社区”活动

“四进社区”活动是指大学生志愿者“科教、文体、法律、卫生”进社区活动，于1996年启动，2002年5月开始在全国范围内开展。

该项志愿服务活动以社区居民为服务对象，以传播文化知识和科学技能为内容，以集中或定点提供咨询和宣讲服务为主要形式，旨在以丰富多彩的社区文化生活，满足人民群众不断增长的精神文化需要。

中央文明办、共青团中央、全国学联2002年下发《关于开展大中专学生志愿者“四进社区”社会实践活动的通知》，号召广大大学生走进社区、服务社区。“四进社区”活动主要包括高校与社区建立长期互助合作关系，组织大学生为社区送去文艺表演，举办科普讲座，开展普法宣传，组织健康知识讲座和免费义诊，为社区孤寡老人、贫困家庭、无业青年等做好事、解难事、办实事。

（三）敬老助老“金晖行动”

关爱老人一直是共青团和广大青少年的重点活动之一。2002年共青团中央联合全国老龄办共同启动实施了以敬老助老为主题的“金晖行动”。

该行动在继承优良传统的基础上，以青年志愿服务的方式关爱和帮助老人，弘扬中华民族传统美德。志愿者们在为老人们开展服务前，都会经过系统科学的培训，以使服务的方式更为规范，让老人更易接受。不少高校大学生参与到此项服务行动中，让老人们感受到关怀与温暖。此项行动进一步弘扬了中华民族敬老助老的传统美德，在全社会形成了敬老助老的良好社会风尚。

（四）“邻里守望”志愿服务活动

邻里守望是社区群众进行自我管理、自我服务的优良传统，是弘扬志愿服务精神和为群众办实事的重要体现。该志愿服务是中国志愿服务联合会在全国范围内开展的活动，在2013年发出倡导后，于2015年12月全面启动实施。主要在于号召广大志愿者从身边做起，从关爱做起，用志愿服务使空巢老人、残障人士等在遇到困难或者需要帮助时能得到及时的关爱，用邻里守望编织社区的爱心网。

2021年6月，民政部办公厅发布了《关于推动社会组织开展“邻里守望”关爱行动的通知》（民办函〔2021〕34号）。该通知要求结合社区实际，通过广泛动员社区居民积极参与，引导生活服务类、治保维稳类、公益慈善类等社会组织在党史学习教育中为社区群众，尤其是为社区困难群体办实事、解难题，在社区营造与邻为善、守望相助的氛围。

此外，共青团中央联合其他部门组织开展了“社区志愿服务和谐行动”“维护社会治安志愿者筑城行动”等社区服务活动。这些活动根据不同社区的实际需要，不断扩大服务内容和调整服务重心，将心理援助、政策宣讲、社会治安、疾病预防、创业就业等作为主要内容。例如，山东建筑学院师生联手开展的“大学生法律援助进社区”活动，为当地社区居民带去法律知识和进行法律援助。广州大学生担任“社区助理”工作，这样的志愿服务深受社区欢迎，也锻炼了大学生。

四、公益活动

大学生志愿者是社会公益活动的重要参与者，他们在环保志愿服务、大型赛事志愿服务、校园志愿服务、公益机构志愿服务等方面提供了公益服务。所以，公益活动是大学生志愿服务的内容之一，具体体现为：

(一)环保志愿服务

环境与人们的生活息息相关,环境问题已严重威胁着人类的生存和健康。近年来,许多国家都致力于生态建设和环境保护。由此,环保志愿服务也应运而生。

1996年,共青团中央与国家环保总局等部门联合实施了保护母亲河“中国青年志愿者绿色行动营计划”。该计划通过建立绿色行动基地,广泛组织青年志愿者在黄河等江河湖泊流域开展沙漠整治、污水治理、清理白色垃圾、植树造林等环保志愿服务,其目的是倡导和树立绿色文明意识、生态环境意识和可持续发展意识。

2007年,在中国环境科学学会的组织下,北京大学等10所高校联合开展了“大学生志愿者千乡万村环保科普行动”。该活动以大学生志愿者为主,对农民进行农村环境综合整治等方面的环保知识普及,利用寒暑假集中开展展览、宣讲等环保科普活动。

在全国高校的重视下,在相关部门的宣传和推动下,越来越多的大学生志愿者参加到环保中,参与防治污染、植树造林、水土保持、废旧电池回收等环保志愿服务活动,通过成立“绿色环保协会”,宣唱环保歌曲、散发环保传单等方式,传播环保知识,营造良好的环保氛围。环保志愿服务不但增强了大学生的环保意识,让大学生在生活中践行环保,而且激发和感染了更多社会公民自觉参与环保,对社会产生了积极的影响。

(二)大型赛事志愿服务

组织大学生为大型活动提供志愿服务是国际通行做法。近年来,我国数百万大学生志愿者为北京奥运会、上海世界博览会、西安世界园艺博览会、南京青奥会、北京冬奥会等国际国内重大赛会提供了优质高效的志愿服务。

特别是2008年北京奥运会把我国志愿服务推向了一个新的阶段,170多万名志愿者中,尤其是赛会志愿者中,绝大多数是大学生,他们为奥运会贡献力量,赢得了世界各国的高度赞誉。中央政治局委员、北京市委书记、北京奥组委主席刘淇说:“志愿者的微笑是北京最好的名片。”2010年上海世博会的61万名志愿者中,青年占91.2%。2022年北京冬奥会和冬残奥会的1.8万余名赛会志愿者中,年龄在35岁以下的青年人占94%,他们大多出生于2000年前后,是志愿服务的主力军。在这些青年中,大学生志愿者们备受瞩目,他们提供的志愿服务涵盖体育竞赛、场馆管理、语言服务、新闻运行等41个业务领域。

大学生志愿者在各大型活动和赛事中,充分利用自己的专业知识,发挥自己的特长,为各大型活动提供诸如翻译、裁判、指引等多方面的服务工作。大学生志愿者们得体的举止、阳光的笑容、周到的服务,充分展现了中国当代青年的风采,得到了社会各界人士的认可和好评。大型活动志愿服务为大学生提供了成长的平台,帮助他们开阔了眼界,增长了社会知识,提高了综合素质。因此,为大型赛事活动提供志愿服务,已成为大学生志愿服务的重要内容之一。

(三)校园志愿服务

校园志愿服务是大学生志愿服务公益活动的重要内容之一。全国各高校高度重视在校园内开展志愿服务活动,通过成立志愿者协会、设置图书馆服务岗、实验室服务岗、校园环保服务岗、平安校园建设服务岗、大学生心理健康服务岗等,开展了一系列内容丰富的校园志愿服务。这些活动的开展丰富了大学生的校园文化生活,促进了大学生成长成才,为校园文化建设和学校发展作出了贡献。

校园图书馆是学校图书资料情报中心,是为学校教学和科研服务的机构。图书馆拥有浩如烟海的文献,是一座知识宝库,是大学生拓宽视野、汲取丰富知识和更新专业知识的重要阵地。大学生参与图书馆志愿服务,弥补了图书馆人员的不足,提升了图书馆形象和扩大了服务层面。

校园环境是学校师生精神风貌和人文素养的综合反映,良好的校园环境对大学生的全面发展有重要意义,能更有效地促进大学生成长成才。大学生参与校园环保志愿服务,既能培养和增强大学生的环保意识,又能美化校园。

大学生平安校园志愿服务,不但维护了校园的安全稳定,还为大学生的学习生活营造了良好的校园环境。

(四)公益机构志愿服务

大学生利用业余时间,自愿到博物馆、文化场馆、展览馆、图书馆、福利院、特殊学校、敬老院、孤儿院、康复中心等公益机构开展公益服务活动,为社会公众提供志愿服务。公益机构属于非营利的社会组织,这些组织中存在大量的志愿服务需求。大学生志愿者参与这些公益机构服务,既符合公益机构非营利的理念和宗旨,又能降低公益机构的人力资源成本,可实现大学生志愿者和公益机构的双赢。目前,许多公益机构设立了志愿服务项目,自行招募大学生志愿者开展志愿服务活动,取得了良好的社会效益。

此外,大学生志愿者还在广场、公园、商场等公共场所设立志愿服务站,开展法律咨询、医疗卫生、法治宣传、禁毒宣传、便民服务等志愿服务活动,为广大社会公众提供各种专业性的公益服务,极大地方便了市民生活。随着社会的发展,大学生参与公益机构志愿服务活动已逐步规范化和项目化。

五、应急救援

应急救援志愿服务是国家应急救援体系的重要组成部分,是专业救援的重要辅助力量。各类应急救灾、抢险救援工作,是大学生志愿服务不可或缺的内容。

在“一方有难,八方支援”的传统美德感召下,大学生志愿者弘扬“奉献、友爱、互助、进步”的志愿服务精神,广泛参与到抢险救灾、应急救援、疏散安置、突发紧急救援、设施抢修、群众安置、心理安抚、重建家园等救援活动中。

在2003年抗击“非典”中,先后有1200多万人次的青年志愿者,集中开展了科普宣传、热线咨询等志愿服务活动,为夺取抗击“非典”斗争的胜利作出了突出贡献。上海市开通的“非典”热线中的服务者,主要是来自上海各医学院的大学生志愿者,他们提供的防护知识宣传与解答等专业咨询服务获得了社会的广泛认可。华中科技大学的志愿者不但以开通热线的方式提供咨询服务,而且还为一线医护人员提供家政服务，为医护人员解决后顾之忧。

在2008年汶川大地震等重大灾害发生时，北京、浙江等地的大批大学生志愿者第一时间筹集善款，奔赴灾区开展医疗服务等志愿服务。参与汶川大地震的大学生志愿者们在各级组织的组织下，紧急行动，全力以赴，为灾区捐款捐物，积极投身应急救援中，不畏艰险、勇于奉献，为夺取救灾胜利作出了突出贡献。

面对2020年初突如其来的新冠疫情，广大大学生志愿者们勇敢无畏地就近投入疫情防控中。他们积极参与到社区、村社的外来人口登记、疫情排查、体温测量、定时消杀、深夜执勤、送餐送水等抗疫工作中，还通过网络宣传和发放防疫传单的方式向广大市民普及疫情防控知识，增强市民的防疫意识，鼓励他们增强抗疫信心。大学生志愿者们在这场疫情中化身社区、村社的“守门员”，交通枢纽上的“协管员”，城市里的“运输员”和群众的“心理疏导员”。

在共青团中央发布《关于组织高校青年志愿者开展“与抗疫一线医务人员家庭手拉手专项志愿服务”的工作建议和指引》后，全国1558所高校成千上万的大学生志愿者闻令而动，积极行动起来，为前往湖北一线的医务人员家属优先提供生活用品采买、学业辅导、生活照料、亲情陪伴等服务，为前往湖北抗疫一线的医务工作者解除后顾之忧，成为他们家庭后方的“守护员”。2020年2月，习近平总书记在统筹推进新冠肺炎疫情防控和经济社会发展工作部署会议上指出：广大志愿者等真诚奉献、不辞辛劳，为疫情防控作出了重大贡献。

六、海外服务

自20世纪80年代志愿服务传入中国以来，我国志愿服务得到了长足发展，已与国际接轨，在国际志愿服务中越来越受到关注，在国际项目援助及国际救援行动中发挥了重要作用。目前，越来越多的大学生志愿者参与到国际志愿服务中，在国际志愿服务中扮演着越来越重要的角色。因此，海外服务也是大学生志愿服务的重要内容。

1999年12月，北京举办了以“中外青年志愿者携手迈进新世纪”为主题的国际性志愿者活动，这标志着我国青年志愿服务活动已经走向世界。2002年5月，共青团中央、商务部、中国青年志愿者协会共同启动了“中国青年志愿者海外服务计划”，向老挝选派5名青年志愿者，这标志着中国青年志愿者走出国门服务海外，翻开了中国青年志愿服务事业崭新的一页。

2005年，共青团中央、商务部、交通部选派18名潜水员志愿者赴泰国海啸灾区开展水下废弃物打捞工作，这标志着中国青年志愿者参与到国际救援中。我国已向老挝、泰国、缅甸、埃塞俄比亚、津巴布韦、塞舌尔、圭亚那、突尼斯等国选派了青年志愿者，开展汉语教学、医疗卫生、农业科技、国际救援等方面的志愿服务。

2005年，共青团中央会同商务部，将海外服务计划纳入国家对外援助工作范畴，共同开展援外青年志愿者工作。迄今为止，已先后选派了几百名青年志愿者远赴老挝、泰国等亚洲国家，以及津巴布韦、埃塞俄比亚等非洲国家，开展海外志愿服务工作。此项计划是我国发展对外友好合作关系、深化对外援助工作的一项重要举措。

海外志愿服务为大学生志愿者提供了一个传递友谊和爱心的平台，一个奉献他人、锻炼自我的平台。大学生参加海外志愿服务，培养了奉献精神、国际视野和专业特长，抓住了难得的发展机遇，在服务奉献中成长进步。同时，海外志愿服务架起了中国与其他国家友好交流的桥梁，充分展现了当代中国青年的良好风貌，受到受援国家人民的普遍欢迎。

2017年，习近平在老挝访问期间，亲切接见了当时在老挝志愿服务队的全体成员，并在老挝《人民报》《万象时报》等三家媒体上发表了署名文章《携手打造中老具有战略意义的命运共同体》，文中特别提到了来自上海的近百名青年志愿者先后赴老挝进行志愿服务。

“中国青年志愿者海外服务计划”实施二十年来，已累计向亚洲、非洲、拉丁美洲的多个国家派遣多名青年志愿者。志愿者们以青春热情，积极服务于受援国家的经济建设和社会发展，在增进与受援国家人民友谊等方面发挥了积极作用。“一带一路”高校联盟、新丝绸之路大学联盟等为大学生参与海外志愿服务提供了更多的机会，同时也为大学生志愿服务的发展提供了更广阔的空间和平台。截至2021年11月，中国已与140个国家和32个国际组织签署了200多份共建“一带一路”合作文件。在“一带一路”倡议和“人类命运共同体”理念的大力影响下，海外志愿服务将会不断扩大规模、拓展领域，这必将助力志愿服务升华。

第四章　大学生志愿服务的功能

志愿服务作为大学生广泛参与的社会服务实践活动，在促进社会发展、校园建设、大学生成长等方面发挥了重要作用。具体来讲，大学生志愿服务主要具有教育、服务、引领、凝聚、整合等功能。

一、大学生志愿服务功能概念

社会科学中“功能”一词来源于物理学，西方社会科学家于19世纪将其引用到社会科学领域。对于功能的理解，存在主观论和客观论。“主观论”认为，与目的一样，功能也属于主观的东西，可以与目的互换使用。“客观论”认为，功能是客观存在的东西，是不以人的主观意识为转移的。[①]

总体而言，对功能的理解主要有以下几种：一是从作用的角度，所谓功能就是一事物对人和社会所起的作用。[②]二是从结果的角度，功能是由若干要素按照一定结构有机构成的系统在与特定的环境相互作用时所产生的结果。[③]三是从能力的角度，功能是事物潜在的能力，是事物的要素或要素组合因其特定的性

① 李辽宁.思想政治教育功能研究综述[J].求实,2005(1):73-77.

② 曹书庆.关于德育功能的辩证探讨[J].河北师范大学学报(哲学社会科学版),1996(1):91-95.

③ 李太平.德育功能·德育价值·德育目的[J].湖北大学学报(哲学社会科学版),1999(6):89-92.

质及组合方式而具有的特殊能力，而事物是否由于具备这些能力而必然发挥可满足一定需求的作用及结果是未定的。[①]

《现代汉语词典》中，功能是指事物或方法所发挥的有利的作用。[②]廖恳认为，志愿服务具有社会动员、社会保障、社会整合、社会教化功能。[③]李慧认为，大学生志愿服务内化了思想政治教育内容，丰富了思想政治教育载体，创新了思想政治教育模式，优化了思想政治教育环境。[④]单江林认为，校园志愿服务的功能主要表现为教育和服务。[⑤]

由此，本研究认为，大学生志愿服务的功能是指大学生志愿服务对他人、社会以及大学生志愿者等所发挥的有利的作用。归纳起来主要有思想政治教育、实践教育、社会教育、自我教育等方面的教育功能，服务于社会和服务于校园的服务功能，引领社会行为、社会价值、社会文化方面的引领功能，在精神上和价值取向上的凝聚功能，促进教育力量和社会资源整合的整合功能。

二、教育功能

大学生志愿服务拓宽了高校教育途径，为大学生提供了社会实践和专业学习的平台。大学生志愿服务具有难得的教育功能，主要表现为思想政治教育功能、实践教育功能、社会教育功能、自我教育功能。

（一）思想政治教育功能

大学生志愿服务的思想政治教育功能，是指大学生志愿服务在帮助大学生形成符合社会要求的思想品德过程中所发挥的有利作用。实践表明，大学生志愿服务的思想政治教育功能主要表现为导向功能、育人功能、激励功能。

---

① 王仕民．德育功能论[M]．广州：中山大学出版社，2005.

② 中国社会科学院语言研究所词典编辑室．现代汉语词典（第七版）[Z]．北京：商务印书馆，2017.

③ 廖恳．论志愿服务的社会功能及其形成[J]．中国青年研究，2012(3)：38-42.

④ 李慧．论高校思想政治教育视域下的大学生志愿服务[D]．长春：吉林大学，2012.

⑤ 单江林．校园志愿服务教程[M].2版．北京：科学出版社，2012.

1. 导向功能

大学生志愿服务的导向功能，是指通过志愿服务活动，把大学生的思想和行为引导到符合社会发展要求的正确方向上来。也就是引导大学生思想和行为向符合社会要求的正确方向发展，帮助大学生树立正确的世界观、人生观、价值观。大学生志愿服务是大学生广泛参与的社会公益服务活动，对大学生能进行理想信念导向、道德导向、行为导向和成才导向。

第一，理想信念导向。志愿服务能加强大学生理想信念教育，帮助大学生坚定中国特色社会主义理想信念。

第二，道德导向。大学生在参与志愿服务的过程中，能够将社会的道德要求转化为自身内在的道德品质，增强道德信仰。

第三，行为导向。树立大学生志愿者楷模，能使其他大学生产生钦佩，从而在行为上加以效仿。大学生志愿者通过自己的志愿服务行为方式，无私服务他人、奉献社会，为广大大学生和社会公众树立了良好的榜样，成为他们学习的楷模，具有极强的说服力和感染力，影响着人们极力效仿。

第四，成才导向。志愿服务有助于大学生把所学知识用于实践，提高大学生的实践能力、创新能力、知识运用能力、解决实际问题的能力等，促进了大学生成长成才。

2. 育人功能

大学生志愿服务的育人功能，是指志愿服务活动能塑造大学生思想，提升大学生能力，健全大学生人格。

第一，塑造大学生思想。大学生志愿服务能促进大学生思想的形成和觉悟的提高，促使大学生的思想沿着正确方向发展。事实证明，大学生志愿服务为大学生教育自我、提升自我搭建了有效平台，在有形和无形中塑造着大学生的思想。志愿服务本身就是一个塑造人、培养人的过程，促使大学生了解社会、服务社会，培育大学生的爱国主义和集体主义精神，树立社会主义理想信念。

第二，提升大学生能力。通过教育与生产劳动相结合、理论教育与实践教育相结合，志愿服务能促使大学生各方面能力得到提升。教育与生产劳动相结合，是党的教育方针的重要内容。理论教育与实践教育相结合，是加强和改进大学生思想政治教育的根本原则。志愿服务作为一种直接的社会实践性活动，大学生参与其中本身就是一个接受教育、提升能力的过程。具体而言，可提升大学生的创新能力、团队协作能力、交流沟通能力、组织管理能力等。

第三，健全大学生人格。实践表明，志愿服务能健全大学生人格。近代著名的教育家蔡元培先生认为，健全的人格分为四育，即体育、智育、德育、美育。他把德、智、体、美作为人的全面发展的理想人格，强调通过后天的教育和环境影响促进人的人格发展。塑造大学生的健康人格，如今已成为社会的共识和要求。塑造大学生健康人格是一个社会化的过程，高尚、健全的人格是在各种社会实践活动中培养而成的。志愿服务倡导奉献和利他，以公益为基点，已成为塑造大学生健全人格的有效途径。

3. 激励功能

大学生志愿服务的激励功能，是指通过一套科学、合理、有效的激励方式和措施，激发和调动大学生志愿者的积极性、主动性和创造性，为引导大学生成长成才提供强大精神动力，鼓励更多的大学生参与并热爱志愿服务活动。主要表现为对大学生志愿者的激励和对服务对象的激励。

第一，对大学生志愿者的激励。对大学生志愿者的激励主要体现为对大学生志愿者主动性、积极性的调动。人的积极性来源于人的需要，人的需要是人产生心理活动并产生行为的原动力，需要越强烈，积极性就越高。马斯洛按照从低到高的顺序，把人的需要分为生理需要、安全需要、社交需要、受尊重需要、自我实现需要五个层次。倡导助人自助的志愿服务，不以营利为目的，正是满足人们最高需要的重要途径。在志愿服务中，大学生志愿者在帮助他人、服务社会、创造社会价值的同时，实现了自身的个人价值，获得了精神上的满足感和自豪感。

第二，对服务对象的激励。志愿服务充分理解人、尊重人和关心人，以处于社会中的弱势群体为服务对象，给他们提供无偿帮助和心灵慰藉，帮助他们克服困难，促进他们自我意识的觉醒。大学生志愿者不仅为服务对象提供物质上的帮助，帮助他们走出困境、改善生活，更重要的是从精神上激励他们自我认同，自信、自立、自强，鼓起生活的勇气，燃起生活的希望，获得更多的归属感和满足感。

（二）实践教育功能

大学生志愿服务的实践教育功能，是指作为大学生参加社会实践和教育实践重要方式的大学生志愿服务，在促进大学生全面发展中所发挥的有利作用。主要表现为帮助大学生在实践中检验知识、帮助大学生提高实践能力。

1.帮助大学生在实践中检验知识

全部社会生活在本质上是实践的。凡是把理论引向神秘主义的神秘东西，都能在人的实践中以及对这个实践的理解中得到合理的解决。[①]实践是人存在、发展的根本方式，是促进大学生知行统一的重要方式。就其本质而言，教育是实践的，教育目标、教育活动等都具有实践性。

事实证明，志愿服务帮助大学生加深对理论知识的理解。从课堂和书本上学到的知识都是抽象的，是没有经过实践检验的。大学生通过参与志愿服务的实践，能把自己从课堂上和书本上学到的理论知识运用到具体的实践中，加深对理论知识的理解。同时，也能帮助大学生充分认识自身知识的不足。

志愿服务能让大学生切身感受到知识的日新月异，深刻认识到没有扎实的科学文化知识和过硬的专业技能很难在社会上立足。志愿服务能检验大学生专业知识学习情况，使他们对专业知识的学习产生危机感和紧迫感，主动查找自己专业知识的不足，带着问题去学习，从而获得更多更深刻的专业知识。

2.帮助大学生提高实践能力

大学生实践能力是大学生在生活、工作中所表现出来的解决实际问题的能力。我国高校大学生多数都是直接从学校到学校，缺乏社会实践经验。志愿服务是社会公益服务活动，操作性和实践性都比较强，是一种典型的实践，让大学生在“学习—实践—再学习—再实践”过程中获得积极的情感体验，在服务社会中实现认知和行为的统一。

---

① 中共中央马克思恩格斯列宁斯大林著作编译局.马克思恩格斯选集（第一卷）[M].北京：人民出版社，1995.

志愿服务为大学生提供了广泛接触社会的机会，使他们走出校园，深入社会和基层，开展各种实践活动，把学习到的理论知识用于实践，实现理论知识与社会实践的有机结合。同时，还能让大学生学习到书本上没有的知识，进一步开阔视野，培养专业知识和技能，提升实践能力。

(三)社会教育功能

大学生志愿服务的社会教育功能，是指志愿服务在促进大学生社会化过程中所发挥的有利作用。主要体现为促进大学生角色社会化、促进大学生政治社会化、促进大学生人格社会化。

1.促进大学生角色社会化

大学生角色社会化是指大学生在个体与社会互动过程中发展自己的社会性，从而由大学生角色转变为能承担一定社会角色的社会人的过程。个体由自然人发展转变为社会人，必须要经历社会化的过程。否则，个体就会很难适应社会。志愿服务作为大学生重要的社会实践方式，能使大学生在社会服务活动中学习和掌握社会知识和生存技能，学会与人交流和社会交往，获取社会生存的各种技能，准确定位自己的社会角色，使大学生从生物意义上的“自然人”转变为能履行一定社会职责的“社会人”，完成角色社会化。

2.促进大学生政治社会化

大学生政治社会化是指大学生在政治实践活动中不断获取政治知识，形成自己政治意识、政治立场的过程。志愿服务为大学生政治社会化提供了有效途径。志愿服务让大学生投身于广阔的社会，切身体会和感受我国政治、经济和文化的变迁，深刻了解和把握我国的基本国情，培养为祖国和人民无私奉献的精神，正确处理个人与社会的关系，把个人的价值实现与祖国的前途命运紧密联系在一起。让大学生在现实生活中深刻领悟并践行社会主义核心价值观，把自己的人生理想与实现中华民族伟大复兴的中国梦紧密结合起来并为之不懈奋斗。

3.促进大学生人格社会化

大学生人格社会化是指大学生实现人格整合并形成稳定的完整人格的过程。马克思指出:“特殊的人格”的本质不是它的胡子、它的血液、它的抽象的肉体,而是它的社会特质。[①]志愿服务活动既可以助力大学生培养无私奉献的高尚道德,建立起互帮互助的人际关系,还可以让大学生体验到助人为乐的愉悦感。这些体验能进一步升华大学生的道德情操,形成大学生人格塑造的良性循环,优化大学生的人格品质,实现人格社会化。

(四)自我教育功能

大学生志愿服务的自我教育功能,是指志愿服务在促进大学生进行自我教育、促进自我成长中所发挥的有利作用。在大学生志愿服务活动中,主要通过大学生个体的自我教育和群体的自我教育两种方式来实现大学生的自我教育,主要表现为调动大学生的自主选择性、强化大学生的主观能动性。

1.调动大学生的自主选择性

对大学生而言,自我教育是大学生个体以积极的态度来应对外部的理论灌输和环境带来的影响,自觉转变思想和培养高尚品德的活动。

大学生志愿服务的过程是大学生志愿者自愿无偿地为社会和他人提供有价值的服务,包括帮助社会弱势群体、参加应急救援等服务活动的过程,能使大学生有不同的人生感悟和体验收获,明确不同人生追求的价值和意义。志愿服务强调大学生志愿者的自主选择性,而不是被动地接受灌输,充分尊重大学生志愿者的主体地位。这有效发挥了大学生在教育中的主体作用,增强了教育实效。

2.强化大学生的主观能动性

与其他大学生活动相比,大学生志愿服务最为突出的特点,就在于它是在大学生自觉、自愿的基础上,自主选择参加志愿服务组织,自愿参与各项志愿服务活动。

---

① 中共中央马克思恩格斯列宁斯大林著作编译局.马克思恩格斯全集(第三卷)[M].北京:人民出版社,2002.

在活动中，大学生志愿者不是被动接受教育，而是充分发挥主观能动性进行积极体验。参与志愿服务反映了大学生对“服务他人、奉献社会”的价值追求，让大学生在志愿服务中自我认识、自我满足，并实现自身价值。由此可见，志愿服务是大学生自我教育的有效载体，使大学生获得自主、自立、自理、自治的机会，发展自我教育能力。

三、服务功能

大学生志愿服务的服务功能，是指大学生志愿服务作为一种自愿无偿的服务方式，在促进社会发展、校园和谐中所发挥的有利作用。主要表现为服务于社会、服务于校园。

(一)服务于社会

大学生志愿服务是崇高的社会行为和高尚的社会公益事业，是以社会为活动背景的，是社会生活的重要组成部分。志愿服务已成为大学生服务社会、参与社会发展的有效途径，成为构建和谐社会的润滑剂和优质土壤。

1.大学生志愿服务是社会保障体系的重要补充

现代社会保障体系具有保障公民基本生活、维护社会稳定、增进国民福利等功能，常被称为社会的“安全阀”和“稳定器”。

大学生志愿服务把社会弱势群体作为主要服务对象，开展扶贫助困、帮老助残等服务活动，在一定程度上帮助他们解决生活中的困难，保障其基本生活。大学生志愿服务在消除贫困、改善教育状况、提供科技服务、改善医疗服务等弥补社会服务资源不足和人力不够方面发挥了很好的补充性和支援性作用，适应了社会主义市场经济发展的要求，促进了社会保障体系的建设和发展，推动着社会公平正义的实现。

2.大学生志愿服务是公共服务的有效补充

公共服务是国家为社会公众生活以及参与社会政治、经济、文化活动所提供的各种保障，是社会公共利益和分配公平的重要体现。公共服务不可能完全由政府包揽，也不可能任由市场调节。政府部门与市场机制因其自身所固有的局限性而不能满足社会大众对公共服务的需求，大学生志愿服务在一定程度上弥补了政府和市场在某些公共服务中的“缺位”和“错位”，为公共服务提供了补充性的内容。

大学生志愿者的参与，不但能够提供人力，分担专业人士的繁重工作量，还能够提供人才，填补工作人员专业技能上的不足，这样便能有效弥补政府服务的不足。在和谐社会的建设中，社会的稳定和可持续发展尤为重要，必须充分满足包括社会弱势群体在内的所有社会成员的需求。而在公共服务中，社会弱势群体最容易被排除在外或被忽视。大学生志愿服务以社会弱势群体为主要服务对象，使得志愿服务对于公共服务的重要作用在这个方面得以充分的发挥和体现。大学生志愿服务作为现代社会最有效和最便捷的动员方式，正日益成为公共事件预防、应对、保障等社会应急机制建设的重要力量。

3.大学生志愿服务是促进社会和谐的重要力量

我国目前已有相当数量的大学生参与到志愿服务中，他们自愿无偿地服务社会，从事各种公益性活动，提升了道德情操，传播着人文关怀，加强了人与人之间的关怀与包容，增强了人们之间的亲切感与信任感，减少了社会纷争，使人与社会相互融合。大学生志愿服务有利于增进各社会群体和社会阶层之间的交流沟通，在一定程度上能缓和社会转型带来的社会矛盾，营造和谐的人际交往氛围。

广大大学生志愿者服务于社会环境保护，在倡导和参与环境保护中作出了巨大贡献，有利于增强人们的环保意识，影响更多的人参与到环保志愿服务。志愿服务促进了人与自然、人与人的和谐相处以及人与社会的相互融合，促进了社会的和谐发展。

(二)服务于校园

近年来,不少高校在校园内设立了大学生志愿服务点,既便于志愿服务的开展,又贴近大学生生活,帮助高校解决一些实际问题。具体来讲,大学生志愿服务的校园服务功能,主要体现在服务于图书馆、实验室、校园环保、平安校园等。

1.服务于图书馆

高校图书馆工作是学校工作的重要组成部分,具有服务性、教育性等特性。高校图书馆肩负着教育和服务的双重职责。大学生志愿者通过学校提供的图书馆志愿服务岗位,从事图书馆工作,为所有师生服务。这些服务主要表现为:馆内阅读导向,主要是为读者引航,帮助读者了解图书馆的布局,告知读者文献收藏的大致方位,引导读者尽快找到自己所需的文献资料;图书馆日常管理服务,主要是在图书馆流通部负责图书的借还、教材的分发、图书的排架整理、书刊的加工、图书馆秩序的维持、到期图书的催还等;电子阅览室系统管理服务,主要是对馆内图书的变更情况在电脑上进行及时更新,以方便读者查阅。

2.服务于实验室

高校实验室是学校教学、科学研究的主要阵地,是实现理论与实践相结合的重要阵地。大学生实验室志愿服务是对实验室工作感兴趣的在校大学生志愿者,通过参与实验室的日常工作,为师生及科研人员提供服务,主要包括:一是负责实验室日常卫生工作,帮助打扫实验室卫生,保持实验室的干净整洁,以符合实验室要求。二是负责实验器材的日常管理,对实验器材进行清洁保养、分类整理、分发回收等。三是协助老师开展实验指导,帮助实验室老师做好实验前准备及现场实验工作等。

3.服务于校园环保

校园环保志愿服务是指大学生志愿者进行校园环境保护、环保意识宣传等,主要有:一是维护校园环境,即帮助校园清洁工人打扫校园、教室、运动场等场所,保持校园整洁,为师生营造好的工作学习环境。二是宣传环保理念,向全校师生宣传环保政策,唤起师生们的环保意识,并投身于环保行动中。三是督导校园不环保行为,如督导师生进行垃圾分类、不乱扔垃圾、节约用水用电等,对各种不环保现象进行监督和引导。

4.服务于平安校园

平安校园志愿服务是大学生志愿者服务于校园安全稳定,维护校园平安和谐的活动。主要有维护校园的安全,协助学校保卫部门,加强校园安全巡逻,清除校园内存在的安全隐患;纠察、劝诫校园内不文明现象,针对校内存在的教室不文明现象、图书馆不文明现象、宿舍不文明现象、餐厅不文明现象等,进行督查和劝导,维护校园的文明;协助维持学校大型活动的正常秩序和安全保卫工作,在学校开展活动时协助维持正常秩序,处理突发事件等,保证活动的顺利进行和参加活动人员的安全。

四、引领功能

"引领"是指引导,带领。[①]大学生志愿服务的引领功能,是指大学生志愿服务在带动社会发展进步时所发挥的有利作用,集中体现在大学生志愿服务引领社会行为、引领社会价值、引领社会文化。

(一)引领社会行为

大学生志愿服务是大学生群体参与的规模较大的社会服务活动,是大学生参与构建社会主义道德体系的重要途径,是大学生弘扬时代精神、践行社会主义核心价值观的重要载体。大学生积极参与志愿服务,符合社会主义基本道德规范,是其世界观、人生观、价值观的生动体现,彰显了当代大学生的高尚情操和道德水准,引领社会大众积极参加志愿服务,并以实际行动服务社会。

大学生现已成为我国青年志愿服务的主力军,是我国社会公益事业中一支重要的力量。在大型赛会、应急救援、社区服务、环境保护等志愿服务中,无一不

① 中国社会科学院语言研究所词典编辑室.现代汉语词典(第七版)[Z].北京:商务印书馆,2017.

活跃着大学生的身影。大学生志愿者已成为推动我国志愿服务事业不断发展的重要力量。志愿服务作为大学生高层次的社会参与行为,具有很强的社会影响力。青年大学生广泛参与志愿服务激发了社会民众参与的热情,促进了社会基层组织的建设。一方面,志愿服务使大学生展示出积极向上的良好精神风貌,在奉献社会中实现自身的人生价值。另一方面,大学生朝气蓬勃、乐于奉献的精神状态影响和带动了社会公众,引领社会行为。

(二)引领社会价值

价值是一个体现主客体关系的范畴,反映了客体满足主体需要的关系。“价值”这个普遍的概念是从人们对待满足他们需要的外界物的关系中产生的。[①]价值观是对经济、政治、道德、金钱等所持有的总的看法。[②]社会所倡导的价值便是核心价值,核心价值观则是指在社会中居于主导地位的价值观。社会主义核心价值观是指在社会主义社会中居于主导地位的价值理念,反映的是社会主义价值追求的价值观,是引领社会发展进步的精神旗帜。就某种意义来说,志愿服务精神与社会主义核心价值观具有内在统一性。

志愿服务是志愿者在志愿服务精神感召下而参与的一种社会活动。志愿服务精神是促进社会和谐发展的强大精神力量,具有与社会主义核心价值观相一致的思想道德观念,具有永恒的精神价值。国际上比较认同的志愿服务精神主要包含三个要义:一是自愿,二是无偿,三是利他。志愿服务精神所体现的是现代公民自觉承担社会责任,以及有序参与社会服务的重要方式,其产生是基于志愿者对自身价值的认识和感悟,是基于对社会发展的深刻认识和社会进步的价值取向。志愿服务精神以人的道德和良知为逻辑起点,强调社会道义和责任。志愿服务精神的核心是利他主义价值观,其目的和动机都有价值导向功能。

大学生参与各种志愿服务活动,从多个层面深入群众,获取生活经验,培养社会责任感,树立正确的世界观、人生观、价值观。大学生志愿者在志愿服务过

① 中共中央马克思恩格斯列宁斯大林著作编译局.马克思恩格斯全集(第十九卷)[M].北京:人民出版社,1963.

② 中国社会科学院语言研究所词典编辑室.现代汉语词典(第七版)[Z].北京:商务印书馆,2017.

程中所表现出来的“奉献、友爱、互助、进步”精神，彰显了社会主义核心价值观。大学生积极参与志愿服务实践活动，是对社会主义核心价值观的践行。大学生志愿者在志愿服务实践中所感悟到的“赠人玫瑰，手留余香”的认知判断，在一定程度上体现了大学生志愿服务更具积极意义的社会价值，体现了当代大学生对社会主义核心价值观的认同与坚守，并以此影响着社会的价值取向。如今，大学生志愿服务已得到社会的普遍认可和广泛认同，引导着社会的精神追求方向，引领着社会价值取向。

（三）引领社会文化

从广义上说，文化是指人类社会发展中所创造的物质财富和精神财富的总和。从狭义上说，文化是社会的意识形态以及与之相适应的组织机构与制度。志愿服务所孕育的志愿文化，是在志愿服务发展过程中逐步形成的、为社会所认同并为志愿者所遵守的、带有志愿服务特点的使命、愿景、宗旨、精神、价值观和服务理念，以及这些使命、理念等在服务过程、管理制度、行为方式与对外形象方面所体现的总和。[①]志愿文化是现代社会一种较为独特的文化现象，是一种社会文化形态。文化的熏陶性、思想的感染性、教育的引导性、价值的取向性等构成了志愿服务行为、志愿服务组织与社会文化的对接。[②]弘扬志愿文化，能为社会发展营造自由公平、和谐包容的文化氛围和社会环境，引领社会文化的方向，促进社会文化发展。

志愿文化是一种“文化自觉”，不仅可以让大学生广泛参与社会公共生活，让他们了解社会文化，还能引领社会文化发展。志愿服务之所以越来越受到现代社会的推崇，参与志愿服务的人越来越多，就在于它作为一种文化认同，越来越深入世界各地，并与各国、各地区、各民族的文化融合，日益形成一种颇具影响力和带动力的社会文化引领。

① 张晓红，任炜，李凌．大型活动志愿服务的组织与管理[M]．北京：中国青年出版社，2014.

② 余蓝．志愿文化的社会价值[N]．中国教育报，2009-4-21.

五、凝聚功能

凝聚，是把一些本来分散的、孤立的东西通过某种富有吸引力和黏合作用的物质，有意识地聚合到一起，以形成一股具有同一方向的强大作用力，向着既定目标运动的一种机制。[①]凝聚力一是指内聚力，二是泛指使人或物聚集到一起的力量。[②]志愿服务的凝聚力是指志愿服务对志愿者具有吸引力，进而对整个民族具有向心力。因此，大学生志愿服务的凝聚功能，是指大学生志愿服务在将大学生志愿者的精神、力量等聚合在一起，形成共同理想和产生聚合力中所发挥的有利作用，主要体现在精神上的凝聚、价值取向上的凝聚。

（一）精神上的凝聚

大学生志愿服务在志愿服务精神的感召下，通过多姿多彩的志愿服务活动，把不同地域、年龄、性别、年级的大学生个体聚集起来，凝聚成一个团体，共同致力于服务他人、奉献社会，因而具有极强的凝聚力。这种凝聚主要是精神上的凝聚，即大家对志愿服务精神所达成的共识。这种精神是大学生志愿服务的“集结号”，它所体现的价值取向能让志愿者达成思想上的一致，吸引更多更广泛的大学生参加到志愿服务行列中来，从而凝聚正能量，形成聚合力。

（二）价值取向上的凝聚

大学生志愿服务凸显的社会主义道德的价值取向，能产生巨大的凝聚力。社会主义核心价值观中，爱国、敬业、诚信、友善是公民层面的价值准则。大学生是祖国的未来和民族的希望，大学生的价值取向决定了未来整个社会的价值取向。因此，不但要加强当代青年大学生社会主义核心价值观教育，还要促使大学生参与涵养社会主义核心价值观的实践活动。志愿服务是大学生践行社会主义核心价值观的重要途径。大学生志愿服务现已成为新时期思想道德建设的有效途径，成为弘扬民族精神、提高大学生思想道德素质的生动课堂。志愿服务能培育大学生社会

---

① 张耀灿，陈万柏．思想政治教育学原理[M]．北京：高等教育出版社，2001.

② 中国社会科学院语言研究所词典编辑室．现代汉语词典（第七版）[Z]．北京：商务印书馆，2017.

主义核心价值观，促进大学生形成共识，在社会主义核心价值观上凝聚力量。

六、整合功能

“整合”是指通过整顿、协调重新组合。[①]大学生志愿服务的整合功能，是指大学生志愿服务在把零散的力量或资源重新组合中所发挥的有利作用。主要体现在教育力量的整合、社会资源的整合。

（一）教育力量的整合

志愿服务促进了教育与自我教育、学校教育与社会教育的力量整合。

在教育与自我教育方面。按照辩证唯物主义的基本原理，外因是转化的条件，内因是转化的根据，外因通过内因起作用。受教育者接受教育，需要外因的推动，但主要还是受教育者的自我教育，只有加强自我教育，才能激发受教育者的积极性和主动性，达到教育的预期效果。志愿服务的自愿性表明，志愿服务充分尊重大学生志愿者的主体地位，有效地激发了大学生志愿者的积极性和主动性，发挥了大学生在教育中的主体作用，增强了教育实效。

在学校教育与社会教育方面。社会教育是指除了学校教育和家庭教育以外的一切有目的、有组织、有计划的教育活动，以及一切在社会活动中对人的身心发展产生实际教育结果和影响的教育活动。学校教育是学校教育者对受教育者施以有目的、有组织、有计划的教育活动。大学生志愿服务将学校教育和社会教育有机整合。一方面，大学生志愿服务是由高校团组织并开展的实践活动，引领青年，促进青年成长进步。另一方面，志愿服务作为社会实践活动，让大学生志愿者在社会实践中学会和掌握在社会上生存的手段和技能，在志愿服务中受教育、长才干、做贡献，因而大学生志愿服务促进了学校教育与社会教育的有机结合，共同作用于大学生的成长成才。

① 中国社会科学院语言研究所词典编辑室.现代汉语词典（第七版）[Z]，北京：商务印书馆，2017.

(二)社会资源的整合

志愿服务的整合功能还体现在能促进社会资源的整合。大学生志愿服务组织作为一种社会支持力量,由不同高校大学生自发参与组成。志愿服务组织中的大学生由于共同的理念、价值目标而聚集在一起,相互之间形成了友爱、互助的关系。志愿服务让大学生走出自己狭小的圈子,增进了志愿者之间的相互了解,同时也通过与服务对象的接触增进了志愿者对更多社会现实的了解。对于那些服务对象而言,志愿服务让他们切身体会到人间温情,增加人们之间的接触与关怀,促进人与人之间的关系融合,减少或者消除人们之间的陌生感和距离感。所以,大学生志愿服务像一个强劲有力的纽带,把社会上不同类别的人紧密联系起来,客观上起到了社会资源整合的作用。

第五章　大学生志愿服务的目的

党和国家高度重视大学生志愿服务，并要求在全国范围内广泛开展形式多样的大学生志愿服务活动，其根本目的在于通过大学生志愿服务活动，满足大学生、高校和社会等多方面多层次的需要。

一、大学生志愿服务目的界定

“目的”一是指想要达到的地点或境地，二是指想要得到的结果。[①]作为一种观念形态，目的所反映的是人对客观事物的实践关系。人的任何实践活动都以目的为依据，目的贯穿于整个实践过程的始终。

大学生志愿服务目的，是指大学生志愿服务组织或大学生志愿者根据自身需要，借助自身的意识和观念，预先设想的大学生志愿服务活动的结果或目标。大学生志愿服务的目的，主要包括：满足大学生和社会的发展需要、倡导文明风尚、促进校园建设、提升大学生综合素质、传播志愿文化等。

具体来讲，开展大学生志愿服务，旨在满足大学生社交的需要、受尊重的需要和自我实现的需要，促进大学生成长成才，满足社会和谐发展的需要；旨在倡

① 中国社会科学院语言研究所词典编辑室.现代汉语词典(第七版)[Z],北京:商务印书馆,2017.

导社会主义道德新风尚和无私奉献精神等良好文明风尚;旨在促进校园文化建设、校园文化对外交流;旨在提升大学生思想道德素质、科学文化素质、身心健康素质;旨在传播志愿服务责任意识、志愿服务行动等。

二、满足发展需要

开展大学生志愿服务,是为了满足大学生的发展需要和社会的发展需要。

(一)满足大学生发展需要

大学生志愿服务满足了大学生在社会交往、获得尊重和自我实现等方面的需要。

1. 满足大学生社会交往的需要

大学校园被人们喻为“象牙塔”,大学生一直生活在此塔中,与社会的接触相对较少,交往的范围比较狭窄。志愿服务活动为不同的社会人群创造了沟通和交流的机会,增强了人们之间的相互了解和融合,消除了人与人之间的隔阂和冷漠。在志愿服务活动中,大学生能接触不同社会阶层的人群,能够扩大他们的社会交际圈。在志愿服务过程中,大学生志愿者与志愿服务组织和服务对象间建立了良好的人际关系,这大大提高了大学生的社交能力,在一定程度上满足了大学生社会交往的需要。

2. 满足大学生受尊重的需要

大学生作为一个完整的社会人,从其内心来说,具有希望赢得别人尊重的需求。大学生志愿服务是一项崇高的社会公益事业,是一种赢得社会广泛赞美和尊重的高尚社会行为。在志愿服务中,大学生志愿者以自己的爱心和奉献精神为出发点,无偿地服务他人、奉献社会。大学生在志愿服务中实现了自己的社会价值,在社会上树立起良好的形象,赢得了人们的认可,得到了他人的尊重,增强了大学生的尊重意识,满足了大学生的受尊重需要。

3. 满足大学生自我实现的需要

根据马斯洛的需要层次理论，自我实现的需要是人类需要的最高层次。大学生志愿者在志愿服务中服务和奉献的过程，就是他们追求自我实现的过程。追求自我实现是当代大学生的共同诉求，大学生志愿服务为大学生志愿者实现自我价值搭建了平台，是大学生自我实现的有效载体。大学生志愿服务能使大学生志愿者锻炼才能、增长见识，产生帮助他人、服务社会的愉悦心理，帮助大学生实现自身的人生价值和社会价值，满足大学生自我实现的需要。

（二）满足社会发展需要

志愿服务为社会的和谐发展倾注了活力。大学生环保服务、扶贫开发、社区服务等，这些都是大学生积极参与构建社会主义和谐社会的重要形式，满足了社会和谐发展的需要。

大学生志愿者在志愿服务过程中无私付出、不图回报的精神能潜移默化地感染服务对象和身边的人群，促进人们之间建立起和谐友爱的人际关系。在志愿服务中，大学生志愿者致力于帮助社会弱势群体，这从一定程度上弥补了市场机制的不足和政府、社会保障机制的缺位，有助于缓和社会矛盾，缓解政府压力，促进人与社会的和谐。环境保护是大学生志愿服务的重要内容，大学生环保志愿服务能唤起人们的环保意识，让大家一起行动起来爱护环境、保护环境，促进人与自然的和谐。大学生志愿服务满足了人与人、人与社会、人与自然和谐发展的需要，推动了社会的和谐发展。

三、倡导文明风尚

倡导文明风尚是大学生志愿服务的又一目的。我国大学生志愿服务是对学雷锋活动的继承，是对雷锋精神的发扬，符合时代进步潮流，体现了中国共产党全心全意为人民服务的根本宗旨，展示了共产党人的崇高品格，继承了中华民族的优良传统,体现了中华民族的伟大精神。主要体现为倡导社会主义道德新风尚、倡导无私奉献精神。

(一)倡导社会主义道德新风尚

志愿服务是大学生高尚道德习惯养成的重要途径,可以有效遏制市场经济条件下的拜金主义、个人享乐主义等不良社会风气,弘扬中华民族传统美德,形成关爱他人、团结互助的社会道德风尚。在加快推进社会主义现代化建设进程中,组织开展志愿服务活动,动员大学生自愿、无偿地为他人和社会提供服务,能推进社会主义思想道德建设,增强人们的社会责任意识,形成我为人人、人人为我的社会氛围。完善社会志愿服务体系,形成男女平等、尊老爱幼、互爱互助、见义勇为的社会风尚。①大学生在道德和社会责任感的驱动下,自觉担当和履行对他人、社会的责任,以实际行动在全社会倡导奉献、友爱、互助、进步的时代道德新风。大学生志愿者走进社区,为孤寡老人送去温暖;走进农村,为留守儿童送去关爱;投身抗震救灾,帮助灾区重建……在这些实际行动中,大学生志愿者们不但收获了喜悦、体验了自豪,而且发扬了中华民族传统美德,倡导了社会主义道德新风尚。

(二)倡导无私奉献精神

奉献精神是人们对自己所从事或参与的某项事业,全身心投入、自愿无悔付出且不求回报的崇高精神。大学生志愿服务倡导无偿奉献、不求回报的价值理念,强调无偿帮助他人,无私奉献社会。奉献的思想,只有奉献成为思维的方式、个人对待集体的方式、劳动和为社会服务的方式的时候,才会纳入儿童的心灵之中,变为他的理想。②

雷锋精神倡导集体主义思想,一心为公,无私奉献。在继承、发扬雷锋精神的基础上,大学生志愿服务一步一步成长发展起来,其本身就含有雷锋“毫不利己、专门利人、无私奉献”的高尚精神。大学生志愿服务以实现社会公益和满足

---

① 中共中央文献研究室.十七大以来重要文献选编(上)[M].北京:中央文献出版社,2009.

② 苏霍姆林斯基.怎样培养真正的人[M].蔡汀,译.北京:教育科学出版社,1992.

公共需求为具体目标，体现了大学生志愿者不求回报、奉献社会的高尚品格。

志愿服务精神之所以崇高，是因为大学生志愿者在志愿服务中常表现出一种牺牲精神。这种牺牲，既有物质上的，也有精神上的，有时甚至以生命为代价。大学生志愿者的这种牺牲精神，有助于在全社会倡导一种无私奉献的道德情操，能进一步弘扬爱国主义、集体主义和社会主义精神，促使人们之间形成和发展团结友爱的人际关系，促进社会和谐发展。

大学生志愿服务的开展，让每一位普通公民都切身感受到，做一个服务社会、帮助他人的人并不是想象中的那么难，从而影响到更多的人以日积月累的平凡小事传承和弘扬志愿服务精神，传导无私奉献的服务理念，在全社会倡导无私奉献精神。

四、促进校园建设

大学生志愿服务的开展，目的之一是促进校园建设，旨在推动校园文化建设、促进校园文化交流。

（一）推动校园文化建设

校园文化是高校校园物质文化、精神文化、制度文化的总和。就其本质而言，校园文化反映了校园内师生的精神环境和文化氛围，是师生群体的内在信仰、道德价值观以及精神风貌的综合体现。志愿服务丰富了校园文化内涵，充实了校园文化内容，促进了校园文化建设。

大学生志愿服务紧紧围绕高校的重点和中心工作进行安排部署和组织开展。高校积极组织大学生参与社区服务、“三下乡”服务、社会公益服务等，这在一定程度上丰富了校园文化内容。例如，大学生志愿者们对校园宣传栏、教室等进行清理和布置美化，为校园文明建设奉献力量。大学生志愿者参与学校学风建设，以实际行动促进学校学风建设。他们在校园内发放和张贴倡议书，志愿参与学校查课行动，对学风建设进行督导等。大学生志愿者配合学校做好大学生心理咨询工作，开展大学生心理咨询活动，为同学们普及心理健康知识，以及运用自己所学心理知识，提供有针对性的现场心理健康辅导。

校园志愿服务活动符合大学生内在需要和价值取向，充分发挥了大学生在活动中的主体作用，塑造了大学生的思想道德素质，倡导了奉献精神，强化了公民意识，培育了公共精神，加强了校园文化的价值导向，为新时期的高校校园文化建设注入了新鲜血液，极大地丰富了校园文化内容，推动了文明校园建设。

（二）促进校园文化交流

许多人将大学校园称为“象牙塔”，这是因为大学校园集教学与生活于一体而远离社会，因此大学校园文化具有相对独立性。在这种相对封闭的环境里，大学校园文化与社会文化先天性地保持着一定的距离，大学校园文化与社会文化存在着一些对接方面的问题，这样就导致部分大学生毕业步入社会后显得与社会格格不入，不能适应校园外面的社会生活。大学生志愿服务在一定程度上弥合了校园文化与社会文化之间的空隙，加强了校园文化的对外交流。

志愿服务强化了校园文化的辐射和示范作用，推进了学校教育同社会教育的有机结合。志愿服务让大学生走向基层、深入社会，让他们认识和了解社会，扩大校园文化建设的空间。大学生志愿服务打破了高校校园文化自成体系的封闭模式，让大学生在接受学校理论教育的同时，还能够在社会中得到实践锻炼。志愿服务让大学生志愿者切身感悟社会的主流思想，让他们将民主、公正、法治等现代公民意识带进校园，把社会对大学生的要求转化为大学生自身信念，把社会发展与校园文化建设结合起来，进一步推动校园文化的繁荣发展。

志愿服务让大学生走出校门、走出国门，去校外、国外参加志愿服务；或者接受国外大学生志愿服务组织提供的志愿服务。通过国际合作交流，与国外互派大学生志愿者，能提高我国大学生志愿者的世界影响力和知名度，学习并借鉴国外大学生志愿服务的先进理念和成功经验，加强志愿服务的国际交流与合作，促进校园文化的对外交流。

五、提升大学生综合素质

大学生的综合素质包括思想道德素质、科学文化素质和身心健康素质。大学生志愿服务活动适应当代青年自主意识日益增强的特点，是促进大学生全面发展、提升综合素质的最好方式和载体之一。主要表现为提升大学生思想道德素质、科学文化素质和身心健康素质。

（一）提升大学生思想道德素质

思想道德素质，是在学校教育及社会环境影响下形成并发展起来的相对稳定的思想素质、道德素质、政治素质。思想道德素质决定了大学生的政治方向。思想道德素质是促使大学生形成良好道德品质的动力，是大学生参加志愿服务的内在决定因素。

志愿服务是大学生进行自我道德教育和提高道德修养的过程，是大学生不断提高思想道德水平的过程。志愿服务促使大学生把正确的道德认知和积极的道德实践同自觉的道德养成有机结合起来，帮助大学生不断提升思想道德素质。大学生通过参加志愿服务活动，提高自身的道德认识，陶冶自身的道德情操，磨炼自身的道德意志，树立自身的道德信念，将外在的道德准则和要求逐渐转化为自身内在的道德品质，并表现为良好的道德习惯。

（二）提升大学生科学文化素质

科学文化素质是指人们在长期受教育过程中所形成的科学素质和人文素养。在志愿服务中，大学生志愿者将所学科学文化知识用于服务社会。这既是对大学生所学理论知识的检验，更是他们摄取新知识，不断提高科学文化素质的重要途径。

通过志愿服务活动，大学生不仅可以学以致用，还可以主动探究、创新知识，实现知识与能力的完美结合。总之，志愿服务能有效促进大学生汲取科学文化知识，深化专业知识，优化知识结构，提高知识水平，增强运用知识解决实际问题的能力，促进科学文化素质发展。

（三）提升大学生身心健康素质

身体素质是指人在工作和生活等社会活动中表现出来的体质、体能、精力等方面的能力。为了圆满完成志愿服务工作，志愿者必定会积极参加体育锻炼，提高身体素质。大学生在志愿服务的过程中，会付出一定的体力劳动，这本身就是一个进行身体素质锻炼和提升的过程。有的大学生志愿服务活动，还要求对大学生志愿者进行专门的体能训练。

心理素质是个体在环境及教育的影响下，逐步形成的相对稳定的心理活动能力和品质，是个体意志力、环境适应力、挫折承受力等的综合表现。正确的自我价值评价，是大学生以良好心态适应社会的重要前提。志愿服务让大学生在奉献社会中肯定自我价值，增强自我评价能力。志愿服务能让大学生志愿者产生归属感和成就感，增强大学生的自信心，使大学生在激烈的社会竞争中保持积极健康的心态。在应对志愿服务过程中所遭遇的各种困境时，大学生战胜困难的意志和抗挫折的能力都能得到明显增强。

大学生志愿服务使大学生在真实而富有意义的实践活动中锻炼体魄、磨炼意志，增强克服困难、经受考验、承受挫折的能力，培养健康的身体素质和良好的心理素质。

六、传播志愿文化

传播志愿文化，乃大学生志愿服务的又一重要目的。志愿文化是在长期的志愿服务实践中所形成的一种文化，它以强调社会责任、注重社会道义、促进人类发展为价值追求和目标。志愿文化的核心和精髓是志愿服务精神，志愿服务精神的内化程度，是志愿服务活动深入开展的直接影响因素。[①]志愿文化正日益成为社会主义和谐文化的重要组成部分。大学生志愿服务对志愿文化的传播，主要表现为对志愿服务责任意识、志愿服务行动的传播。

① 姜玉洪，李烨．弘扬志愿文化　促进社会和谐——让志愿服务成为人的一种生存方式[J]．东北农业大学学报（社会科学版），2011(5)：51-54.

（一）传播志愿服务责任意识

志愿文化的产生，势必能有效增强大学生志愿者的主人翁意识和社会责任感，确保大学生志愿者时常保持积极向上的精神状态，从而为大学生志愿服务内容和形式创新提供强大的精神动力和智力支持。

在文化的多个层面中，精神文化是统领，它最具有内在性，最能够体现文化创造性本质。志愿文化通过不断地积累和内化，进而外化为人们的实际行动，引导社会把关注的目光转移到大学生志愿服务上来，产生对志愿文化的广泛认同，在全社会形成崇尚志愿服务的良好文化氛围，让志愿服务充满生机和活力。培育志愿文化，弘扬志愿精神，是志愿服务长期开展的基础和保障。①

因此，要大力宣传和弘扬志愿文化，弘扬志愿服务精神，通过课堂教学、社会实践等途径让大学生对志愿文化内涵产生深刻认识，激发他们的参与意识，让他们认识到参与志愿服务是自己的责任所在，并将其作为一种生活或生存方式。

目前大学生志愿服务的内容不再仅局限于扶贫济困、学雷锋做好事，而是涉及促进整个社会发展进步的方方面面。大学生志愿服务是大学生主动履行社会责任、自觉参与社会公共服务和公共管理的重要方式。志愿服务让志愿者深入社会，了解民生，在服务社会的同时增强大学生的公民意识和社会责任感。因此，传播志愿文化的目的之一，在于传播志愿服务责任意识，旨在形成“志愿服务，人人有责”的良好社会氛围。

（二）传播志愿服务行动

志愿服务精神代表着一种先进的文化。大学生志愿服务行动弘扬了志愿服务精神，在实践中深化了志愿文化意识。在志愿服务行动中，大学生弘扬了以爱国主义为核心的民族精神和以改革创新为核心的时代精神。

志愿文化的发展，有助于在全社会营造良好的志愿服务氛围，促进志愿服务精神的弘扬和志愿文化的传播。欧美等志愿服务发达国家通过对志愿文化的打

① 姜玉洪，李烨．弘扬志愿文化　促进社会和谐——让志愿服务成为人的一种生存方式[J]．东北农业大学学报（社会科学版），2011（5）：51-54.

造,使得志愿服务精神逐渐转变成人们的自觉意识,并最终转化成人们积极参与志愿服务的自觉行动。从欧美志愿服务发展过程中所形成的影响力来看,志愿者在志愿服务中获得实现自我价值机会是志愿文化的重要方面。

志愿文化是一种既利己又利他的文化。通过志愿服务,志愿服务主体既能帮助他人、服务社会,体现一定的社会价值,同时在服务过程中亦能得到一定回报。但参与志愿服务并不是以获取回报为目的,而是通过志愿服务行动,推动社会发展进步,提升个人素质能力等。在北京奥运会志愿服务与人文奥运国际论坛上,欧洲青年论坛副主席詹姆斯·多雷指出:在欧洲,几乎所有的雇主都更喜欢招收有志愿者经历的年轻人。因为这些年轻人更有爱心,更有社会责任感,而且他们在社交能力上也更有优势。[①]良好的志愿文化氛围能充分调动大学生积极踊跃参与志愿服务,有利于在全社会形成“志愿服务,人人参与”的良好社会局面。

① 慈鑫.借北京奥运颠覆中国人的志愿观[N].中国青年报,2005-6-7.

第六章　大学生志愿服务现状分析

为了解大学生志愿服务现状，本研究对全国28所高校的大学生志愿服务进行了抽样调查和深度访谈。调研学生的学科涵盖文科类、理科类、工科类、农科类、医科类、艺体类等，访谈对象有教师和学生。基于问卷调查和访谈获得的资料，并借鉴已有研究成果，本研究对大学生志愿服务所取得的主要成绩、存在的突出问题及其产生原因进行了分析。

一、大学生志愿服务取得的主要成效

大学生志愿服务是我国青年志愿服务事业的重要组成部分，在探索中前进，在改革中发展。调研发现，大学生志愿服务取得了突出成绩，赢得了社会的认可和赞扬。大学生志愿服务取得的主要成效有：实现了大学生课堂知识与实践运用的有机结合，丰富了大学生思想政治教育活动，促进了大学生社会主义核心价值观的培育和践行，推动了社会的精神文明建设。

（一）实现了大学生课堂知识与实践运用的有机结合

邓小平指出："我们说的做的究竟能不能解决问题，问题解决得是不是正确，关键在于我们是否理论联系实际。”①理论联系实际要求在大学生的培养中，不但要用理论知识武装大学生的头脑，还要引导他们积极投身社会实践。社会实践是课堂教育的必然补充和有益延伸，是大学生成长成才的重要平台。大学生志愿服务实现了大学生课堂所学理论知识与社会实践的紧密结合，强化了大学生对所学理论知识的理解和掌握，促进了大学生对知识的转化和运用。

1.增强了大学生将课堂所学知识运用于实践的能力

大学生要全面发展，不但要求他们努力学习课堂上传授的知识，还要求他们将这些知识运用于实践，并在实践中检验这些知识。古诗云：“纸上得来终觉浅，绝知此事要躬行。”大学生从书本上学到的知识往往停留在感性认识上，要发挥课堂知识教育对大学生的指引作用，不能仅让大学生满足于字面上的理解，要引导大学生躬行实践，使其在实践中加深理解，把感性认识上升到理性认识，这样才能让大学生把书本上的知识变成自己的实际本领。

我国大学生多数是直接从学校到学校、由书本到书本地接受知识的，缺少社会实践的体验，所学到的知识也没有得到社会实践的检验。大学生志愿服务作为大学生喜爱的、参与面较为广泛的社会实践，正好为大学生提供这样的机会，实现了课堂知识与社会实践的有机结合。志愿服务为大学生提供了广阔的新天地、大课堂，使大学生的视野从书本扩大到社会的大环境中，促使大学生亲身感知、体验，全面深入了解国情民情。

大学生志愿服务包括志愿服务常规活动、专项活动和自主活动，所有这些志愿服务活动都有很强的实践性。从支教扫盲到医疗服务，从脱贫攻坚到抢险救灾，从环境保护到大型活动，这些有目的、有计划、有组织的志愿服务活动帮助大学生把所学理论知识用于实践，培养和锻炼了大学生的实践能力。通过志愿服务实践活动，大学生的表达能力、动手能力、创造能力、社会适应能力等都得到不同程度的提高。

① 邓小平.邓小平文选(第二卷)[M].北京：人民出版社，1994.

2.延伸了大学生在课堂上所学的理论知识

学校课堂教学内容具有一定局限性，不可能涵盖政治、思想、道德、科学等领域的所有知识。大学生在志愿服务中或多或少要接触到某一个或几个相关知识领域，这可使大学生在实践中认识和体验知识的丰富内涵。与此同时，在志愿服务中，大学生面对和解决一个个具体问题时，可对所学到的知识提出疑问，进而对所学知识进行深入思考，完善理论知识和扩大知识面。

大学生志愿服务是课堂理论教学的拓展和延伸，是大学生认知社会、体验价值、践行责任、升华思想的平台。通过志愿服务中的切身体验，大学生志愿者获得最直观的认识和感受，并把这些经验认识上升为理性认识。志愿服务促使大学生志愿者创造性地运用在课堂上学到的理论知识，并在实践中检验其正确性，让大学生志愿者从实践中获得对客观事物、社会以及自身的认识，在实践中找出自身知识水平与社会需要间的差距。

志愿服务让大学生不仅能把在课堂上学习的理论知识运用于实践，还可以学习到书本上所没有的知识。大学生志愿服务延伸了大学生课堂上所学的思想政治理论知识、专业方面的理论知识、心理健康方面的理论知识以及其他感兴趣的理论知识等。

3.帮助大学生学到了课堂上学不到的新知识

当代大学生实际接触社会的机会较少，大多数大学生社会经验欠缺、社会阅历不足。进一步加强高校实践育人工作，是全面落实党的教育方针、深入实施素质教育、大力提高高等教育质量的必然要求。坚持理论学习与社会实践的有机统一，是大学生成长成才、全面发展的必由之路。大学阶段是大学生发展成才的关键时期，是大学生步入社会的前奏曲。

大学生志愿服务为广大大学生提供了接触社会、与社会提前磨合的重要平台。在大学生志愿服务中，大学生通过参与公益活动、社区建设、文化活动等，走出校园，走出狭隘的生活圈子，了解更为广阔的社会和人生。如大学生志愿者通过参与寒暑期大学生科技文化卫生“三下乡”活动和大学生“四进社区”活动，可以走出象牙塔，走进农村，走进社区，在服务中了解社会，从实践中学习到许多课堂上学不到的知识。

在与动物科学专业大学生代表的访谈中，大学生志愿者们谈到，志愿服务可以让他们走出书本，参与到生产一线中。在送科技下乡的服务中，可以深入农村养殖户，在服务当地农民的同时，可以学习到更多动物养殖方面以及动物疾病防疫方面的经验和知识，这些都是书本上所学不到的。

通过与不同类型的人接触，大学生志愿者学会如何与他人协作完成工作，学习如何正确地处理各种复杂的人际关系，从丰富生动的社会实践中学到了许多在学校课堂上无法学到的知识，获取了更多更新的信息，大大开阔了眼界、增长了见识。

（二）丰富了大学生思想政治教育活动

调查发现，志愿服务增强了大学生思想政治教育的实效性。一些大学生认为，志愿服务能提高自身的思想道德素质和思想政治觉悟，增强自己的社会责任感和爱国情怀。部分老师认为，志愿服务满足了大学生日益增强的主体意识需要，是开展大学生思想政治教育的重要载体和途径，能明显增强大学生思想政治教育实效。

1.创新了活动载体

通过总结思想政治教育的发展规律，以及回顾大学生志愿服务的发展历程，不难看出，大学生志愿服务创新了大学生思想政治教育载体。

（1）弥补了传统载体的不足

大学生思想政治教育载体，是指教育主体在大学生思想政治教育过程中所运用的，能够承载、传导思想政治教育的内容信息，对大学生产生影响，对思想政治教育内容信息进行反馈的一种可控方式和外显形态。[①]大学生思想政治教育传统载体是指大学生思想政治教育发展历程中早就产生并在继续发挥作用的载体，包括谈话、开会、理论教育等。传统载体形式稳定、内容明确、教育者主导性

① 骆郁廷.当代大学生思想政治教育[M].北京：中国人民大学出版社，2010.

强，主要是通过理论灌输和说教等方式进行思想政治教育，把社会要求的思想观念、政治观点、道德规范传输给受教育者，保证了教育的系统性、全面性。大学生思想政治教育传统载体多把大学生作为被动接受的受教育者，多采用灌输性教育。

志愿服务弥补了传统载体将大学生作为被动接受教育对象的缺陷，充分尊重了大学生的主体地位，寓教于乐，寓教育于服务之中，创新了大学生思想政治教育载体。教育者和受教育者可以借助志愿服务进行有效互动，从而更好地完成思想政治教育任务，达到思想政治教育目标。

(2)提供了新载体

大学生志愿服务所体现的助人和自助精神与思想政治教育要求相契合，为大学生思想政治教育提供了新的活动载体和文化载体。以实践活动为载体进行教育可以提升思想政治教育的有效性。①大学生志愿服务是在大学生思想支配下的一种自觉且高尚的行动，是一项助人自助的社会实践活动，符合当代大学生提高自我综合素质、提升道德境界的内在需求，满足了大学生社会担当和思想要求进步的需求，满足了“快乐自己、奉献社会”的精神需求。

志愿服务充分发挥了大学生的主体作用，实实在在地贴近大学生的生活实际。实践证明，大学生志愿服务已经成为新时期大学生思想政治教育的活动载体，实现了理论教育与实践教育、隐性教育与显性教育的结合，促进了知行统一。在志愿服务发展过程中所形成的志愿文化，是社会文化的重要组成部分。在志愿文化建设中渗透大学生思想政治教育内容，让志愿文化承担并发挥一定的思想教育功能，依托志愿文化建设开展思想政治教育，能够让大学生思想政治教育显得更生动活泼，更具有吸引力和渗透力，更易于大学生接受，引起大学生的心灵共鸣，使之在实践中强烈地体验到思想政治教育内容的正确，促进内化和外化互动机制的形成，进一步增强实效。

① 罗洪铁，周琪.思想政治教育学理论的形成和发展研究[M].北京：中国文史出版社，2014.

2.发展了教育内容

大学生思想政治教育中,最为核心的是“如何培养人”的问题。大学生思想政治教育,以理想信念教育为核心,深入进行树立正确的世界观、人生观和价值观教育;以爱国主义教育为重点,深入进行弘扬和培育民族精神教育;以基本道德规范为基础,深入进行公民道德教育;以大学生全面发展为目标,深入进行素质教育。[①]志愿服务突出了思想政治教育的核心内容,彰显了“以人为本”的基本理念,丰富和发展了大学生思想政治教育的内容。

(1)加强了社会责任感教育

大学生志愿服务是增强大学生社会责任感和使命感的重要途径。社会责任感是民族精神的脊梁,是一个国家兴旺发达的支撑,展现的是一个人对社会、对他人所承担的高尚使命,是理想和价值观的高度统一。大学生社会责任感是大学生对自身、他人、社会、国家所应肩负责任的认识和信念,是大学生学好本领服务国家和人民的力量源泉。

大学生志愿服务让大学生在与社会的深入接触中明确社会责任的内涵,不但强化了大学生对社会责任感的感性体验,还营造了崇尚社会责任感的浓厚氛围,使大学生在服务他人和奉献社会中真正体悟到人生的价值和意义,并内化为自身的一种精神追求,进而形成社会责任感的持久动力,真正做到“先天下之忧而忧,后天下之乐而乐”。

通过调查发现,志愿服务能培养大学生的社会责任意识,增强大学生的社会责任感。在志愿服务精神的感召下,大学生在志愿服务活动中以高度的责任心、认真负责的态度对待志愿服务工作,这不但保证了志愿服务任务的圆满完成,还促进了大学生主动承担起推动社会发展进步的重任,将自身的发展和社会的发展紧密联系起来,增强了大学生的社会责任意识。

(2)注重了创新精神培育

创新是教育改革的核心,培养有创新能力的人才是素质教育的重要内容。党的十七大报告指出:注重培养一线的创新人才,使全社会创新智慧竞相迸发、

① 中共中央文献研究室.十六大以来重要文献选编(中)[M].北京:中央文献出版社,2006.

各方面创新人才大量涌现。创新能力是个人提出新概念、新理论,或者发明新技术、开发新产品的能力。它是在实践中锻炼出来的知识和心理品质的集合。

志愿服务培育了大学生的创新精神和创新能力。志愿服务是启发大学生的创造性思维、提升大学生的创新能力的重要途径。大学生志愿服务一般是在比较开放的环境下,面对不断变换的对象进行的。在这种情况下,大学生作为活动主体的积极性被充分调动起来,使他们打破了原有的思维定式,激发了创新思维能力,产生了创造性成果。形式多样的大学生志愿服务活动使大学生学会创造性地学习,在实践学习中培养了敢于质疑、敢于向权威挑战的创新精神,促进了创新意识的培养和创新能力的提高。

(3)加大了实践能力训练

学习、教育和训练如果只限于学校以内,而与沸腾的实际生活脱离,那我们是不会信任的。[①]作为一种社会实践,志愿服务加强了大学生的实践能力训练,提升了实践能力。志愿服务过程是大学生接受训练、提升能力的过程,志愿服务使大学生在实践中学习和成长,提高了他们解决实际问题的能力。大学生在志愿服务实践过程中会碰到许多实际问题,要解决这些问题,就必须运用多方面的知识和技能才能完成。

志愿服务活动促使大学生接触社会,让大学生在实践中检验所学的理论知识,训练了大学生将抽象的理论知识转化成解决实际问题的能力。志愿服务注重使理论知识和社会实践有效结合,为大学生提供了训练实践能力的平台,使大学生得到了充分的实践锻炼,提升了实践能力。

3.彰显了实践特色

大学生思想政治教育是一项实践性很强的活动。大学生志愿服务在实践中开展思想政治教育,实现了实践育人。相对而言,实践育人能促进大学生全面发展,是大学生思想政治教育的重要方法。大学生志愿服务增强了大学生思想政治教育的实践性。

① 中共中央马克思恩格斯列宁斯大林著作编译局.列宁选集(第四卷)[M].3版.北京:人民出版社,1995.

(1)完善了实践育人体系

作为一种大学生广泛参与的社会实践活动,大学生志愿服务是实践育人的重要载体,促进了实践育人体系的不断完善。大学生志愿服务是高校第二课堂的重要组成部分,能够全方位地开展大学生思想政治教育。它把大学生思想政治教育内容融入实践生活中,用潜移默化的生活化的感染方式开展思想政治教育。

作为一种实践教育形式,大学生志愿服务让大学生走出课堂,步入社会,在丰富的实践中开展教育活动。这显著增强了大学生的主动性和积极性,提高了他们的思想道德水平。志愿服务为大学生提供了一个重要的参与政治的平台,扩大了党的路线、方针政策教育在大学生中的覆盖面。志愿服务使大学生思想政治教育理论课课堂教学活动在大学生志愿服务中得到延伸,使大学生思想政治教育理论在各种大学生志愿服务活动中得到丰富和检验,进一步增强了思想政治教育的说服力、感染力。大学生志愿服务创新了高校实践育人的载体,提高了实践育人的针对性和实效性,完善了实践育人体系。

(2)形成了实践育人成果

大学生志愿服务是大学生帮助他人、服务社会的有效平台,同时也是思想政治教育的切实实践。大学生志愿服务作为一种有形的实践教育手段,大大增强了大学生思想政治教育的实践性和可操作性。

实践证明,大学生志愿服务形成了丰硕的实践育人成果。一方面,它创新了思想政治教育的载体和形式,是开展大学生思想政治教育的有效平台,促使大学生自觉按照社会要求来提升和发展自己,把社会的道德要求转化为自身的实际行动,形成自觉的道德习惯,提升了大学生的思想觉悟和道德素质,增强了思想政治教育实效。另一方面,志愿服务是大学生社会实践活动的重要方式和内容,促使大学生将自己所学的知识和技能运用于社会实践中,在社会中了解国情,在实践中提升素质,促进了大学生全面发展。

(三)促进了大学生社会主义核心价值观的培育和践行

大学生志愿服务活动是培育和践行社会主义核心价值观的重要活动。在访谈中,许多同学谈到,大学生志愿服务帮助他们培养了正确的世界观、人生观、价值观,提高了思想道德素质,培育和践行了社会主义核心价值观。“富强、民主、文明、和谐,自由、平等、公正、法治,爱国、敬业、诚信、友善”这24个字是社会主义核心价值观的基本内容,分别从国家、社会和个人三个层面为社会主义核心价值观提供了培育和践行的基本遵循。志愿服务作为大学生热衷参与的社会实践,在大学生社会主义核心价值观的培育和践行中发挥了重要作用。

1.促进了国家层面价值目标的培育和践行

党的十八大报告指出社会主义核心价值观中,国家层面的价值目标是“富强、民主、文明、和谐”。这不仅代表了全国各族人民的共同愿望和根本利益,更是在社会主义初级阶段确保人们团结一致夺取胜利的强大精神武器。

大学生志愿服务有助于推动社会主义和谐社会的构建。大学生志愿服务始终围绕中国特色社会主义建设和发展大局而开展实施。大学生具有较高的科学文化水平,掌握较先进的服务手段,有效弥补了公共服务和社会保障的不足,在调节社会关系和缓和社会矛盾中起着重要的补充作用。大学生志愿服务致力于帮助社会弱势群体,为打破不同群体之间的隔阂、缓和社会阶层分化带来的矛盾提供了可能。同时,大学生志愿服务致力于建立互助友爱的人际关系和良好的社会公德,促进了社会主义精神文明建设,推动了社会主义核心价值观的培育和践行。

志愿服务弘扬了和谐的精神理念,促进了人与自然、人与人、人与社会的和谐,推进了和谐社会的建设进程。志愿服务让大学生在全社会宣传环保理念,倡导社会共同爱护环境,并以实际行动感染周围的人投身环保志愿服务中,促进了人与自然的和谐;志愿服务让大学生在全社会发扬尊老爱幼、帮贫助困等中华民族传统美德,在全社会形成了和谐的人际关系。习近平总书记2013年在中国青年志愿者行动实施20周年之际给“本禹志愿服务队”的回信中说:“希望你们弘扬奉献、友爱、互助、进步的志愿精神,坚持与祖国同行、为人民奉献,以青春梦想、用实际行动为实现中国梦作出新的更大贡献。”[①]总之，志愿服务促进了社会主义核心价值观国家层面价值目标的培育和践行。

2.促进了社会层面价值取向的培育和践行

党的十八大报告指出，社会主义核心价值观中社会层面的价值取向是“自由、平等、公正、法治”。它是马克思主义的基本要求，是中国共产党人的一贯价值追求，集中体现了社会主义的基本社会属性和中国特色社会主义的社会价值追求。自由是社会主义社会的价值追求，平等是社会主义社会的重要准则，公正是社会主义社会的内在要求，法治是社会主义社会的重要保障。[②]

大学生志愿服务组织是由大学生组成的非营利组织，该组织的所有成员聚集在一起并不是为了追求物质利益，而是为了帮助那些在社会中处于弱势地位的弱势群体能够有机会平等地参与社会发展，公平地享有社会发展成果，帮助他们提升物质生活和精神生活。

大学生志愿服务致力于帮助社会弱势群体，让他们平等享受社会福利，在维护社会公平正义上发挥了重要作用。调查显示，大学生志愿服务有助于缓解社会矛盾；大学生志愿服务对受助群体有很大帮助；大学生志愿服务在一定程度上弥补了社会救助的不足。如，大学生法律援助志愿服务为社会弱势群体提供免费的法律援助，进一步增强了他们的法律意识，帮助他们依法维护自己的合法权益，让他们体会到法律面前人人平等，这也是社会公正法治的表现。

3.促进了个人层面价值准则的培育和践行

党的十八大报告指出，社会主义核心价值观中个人层面的价值准则是“爱国、敬业、诚信、友善”。爱国、敬业、诚信、友善，涵盖了社会道德的各个方面，是公民基本道德规范，是公民必须遵守的基本社会道德规则，同时也是评价公民道德行为的基本价值标准。爱国是公民个人对祖国的深厚感情，敬业是公民的职业道德和操守，诚信是公民做人要诚实守信，友善是公民之间要和睦友好、相互帮助。

① 习近平给华中农业大学“本禹志愿服务队”回信——勉励青年志愿者以青春梦想用实际行动为实现中国梦作出新的更大贡献[N].人民日报，2013-12-6.

② 张蔚.自由 平等 公正 法治——从社会层面看社会主义核心价值观[N].四川日报，2014-5-7.

志愿服务激发了大学生的爱国情感，培养了大学生的敬业精神，培育了大学生诚实守信的品质，促使大学生养成了友善的品德。爱国主义是民族之魂，是我国的优良文化传统。大学生志愿服务帮助大学生走出校园，在社会大环境中亲身感知、全面深入了解国情和民情。鸦片战争以来，中国共产党领导全国各族人民，推翻"三座大山"的压迫，实现了民族独立、人民解放，建立了中华人民共和国，开拓了中国特色社会主义伟大事业。这些都大大增进了大学生对伟大祖国的热爱之情，增进了大学生的民族自尊心和民族自豪感，增强了大学生的历史使命感和社会责任感，激励大学生自觉为维护祖国安定团结和繁荣发展贡献自己的力量，为实现中华民族伟大复兴的中国梦而不懈努力和奋斗。

大学生志愿服务让大学生用实际行动帮助他人、服务社会，锻炼和提升了大学生的能力，增强了大学生的社会责任感，让大学生形成敢于担当的人格品质，强化了大学生爱岗、敬业精神的养成。志愿服务是开展大学生诚信教育的重要载体，它让大学生在社会中接受诚信教育和熏陶，通过切身体验，让大学生养成了诚实守信的可贵品质。在志愿服务精神的感召下，大学生帮助他人的同时学会了尊重他人、关心他人、与人为善，在全社会形成了"人人为我，我为人人"的互帮互助的良好氛围。

（四）推动了社会的精神文明建设

自2008年以来，我国大学生志愿服务发展迅速，现已成为推动我国社会主义精神文明建设不可或缺的重要力量。大学生志愿服务倡导了社会文明，弘扬了社会新风，推进了社会精神文明建设。

1.创新了精神文明建设载体

精神文明，是人类精神实践活动所取得的所有文明成果的总和，是人类社会精神生活进步状态的体现。精神文明建设需要依赖一定的精神实践活动来进行，同时还要求这种精神实践活动能够巩固和发展精神文明建设的成果。大学生志愿服务正是人类社会进步到一定阶段而产生的重要精神文明实践行为之一，是适应社会进步和时代发展的精神文明建设新载体。

大学生志愿服务作为社会精神文明建设的新载体,其广泛开展有助于推动社会的精神文明建设。依托大学生志愿服务开展精神文明建设,既符合时代发展的要求,又能满足大学生的诉求,更能为大学生和社会大众所接受,产生了巨大的社会影响力。大学生志愿服务能广泛调动社会成员的参与意识,让社会大众在实践中形成道德认同。大学生志愿服务促进精神文明建设,体现在大学生志愿服务有利于促使社会大众形成正确的道德认同,让他们在服务社会中推动精神文明建设。

大学生志愿服务把分散的道德理性、道德热情有效地融入社会服务体系中,从而承载起社会精神文明建设的内容和任务。将精神文明建设寓于大学生志愿服务中,使抽象的精神文明建设变得更加具体,更贴近人们的实际生活,更能为社会公众所接受,从而产生更为显著的社会影响。

2. 丰富了精神文明活动

精神文明建设的内涵和成果,具体要在实践中得以体现。从这点来讲,精神文明建设的重点在于实践。大学生志愿服务将精神文明建设的内容寓于活动实践中,丰富了精神文明建设的形式,推动了社会精神文明建设。

志愿服务提升了大学生的精神境界,净化了大学生的思想灵魂。大学生志愿服务用中华民族传统美德感染和教育大学生,满足大学生日益增长的精神文化需求,成为推动精神文明建设的重要活动形式。精神文明建设的根本任务之一,在于把大学生培养成担当中华民族复兴大任的时代新人。志愿服务活动营造了一种良好的社会道德氛围,这种道德氛围耳濡目染地感染和熏陶大学生,使大学生逐步自觉地融入这种氛围中,并与这种氛围产生良性互动,参与并推进精神文明建设。

大学生志愿者参与各类社区服务,在社区开展专题讲座、普及健康知识、倡导文明生活方式等服务社区工作,为倡导社区文明道德风尚、推动社区精神文明建设作出了贡献。寒暑假期间,大学生志愿者走进农村基层,开展“三下乡”志愿服务活动,与农民同吃同住同劳动,推动了农村精神文明建设。所有这些大学生志愿服务,都极大丰富了社会精神文明建设活动。

二、大学生志愿服务存在的突出问题

我国大学生志愿服务发展迅速，成绩突出，社会影响力也越来越大，促进了我国志愿服务事业的发展，在促进社会发展中发挥了重要作用。但同时，也存在着一些不容忽视的问题。

（一）思想认识有些模糊

问卷调查显示，有的同学完全不了解大学生志愿服务的内涵；有的同学认为，大学生志愿服务活动是形式主义活动；有的同学认为，大学生志愿服务其实就是学雷锋活动的别称。总的来说，目前有部分大学生志愿服务工作仍停留在表面，社会、高校和大学生对志愿服务的认识都存在着一定偏差，显得有些模糊。

1.从社会层面看：对大学生志愿服务的认识有些模糊

社会对大学生志愿服务的认识和了解程度，在一定意义上影响着大学生志愿服务的实效。目前大学生志愿服务发展所面临的最主要困难之一便是社会了解不足。社会对大学生志愿服务的理解和认识还不是很到位，有些模糊。

虽然大学生志愿服务自开展以来，不断发展，为社会作出了重大贡献，产生了较大社会影响，引起了社会的广泛关注，但由于我国大学生志愿服务目前还不够成熟，社会公众对它的深刻认识和全面接受还需要一个过程。有的人认为，只有思想境界高、道德高尚的人才参与志愿服务，平常人难以企及；有的人觉得大学生志愿服务活动只是团委指导开展的大学生社会实践活动；有的企事业单位在招聘大学生时，比较注重大学生是否是学生干部或党员，而不太重视大学生是否是志愿者。社会对志愿服务的这些狭隘认识和片面理解，一定程度上影响了大学生志愿者的参与热情和积极性，阻碍了大学生志愿服务的发展。

大学生志愿服务存在的主要问题之一是社会对大学生志愿服务的认知存在偏差。据调查，社会上不少人对大学生志愿服务的认识，目前停留在“学雷锋做好事”层次上，他们把大学生志愿服务活动简单地等同于大学生“学雷锋做好事”，认为大学生志愿服务不过就是助人为乐而已。有些人甚至觉得大学生参与志愿服务是为了“作秀”“博取名利”“出风头”，以引起社会的关注；有些人认为，志愿服务工作是志愿者应尽的义务，因而毫不尊重志愿者，随意支配甚至斥责；有些人把志愿服务精神无限拔高，认为其“崇高”“神圣”“毫不利己”，这些严重影响了大学生志愿者的正常生活。[①]有的新闻媒体在宣传优秀大学生志愿者时有些夸大，这让人们认为大学生志愿者“可敬不可爱”，也就无法吸引更多的人加入志愿服务队伍。

2. 从高校层面看：对大学生志愿服务的认识有些模糊

高校作为组织、开展大学生志愿服务的主要阵地，对大学生志愿服务的了解和认识，关系到大学生志愿服务活动的持续开展。目前大学生志愿服务存在的突出问题，是高校对大学生志愿服务缺乏准确认识。因为我国的大学生志愿服务起步比较晚，所以部分高校对大学生志愿服务的认识显得有些模糊。

（1）高校领导对大学生志愿服务认识有所欠缺

志愿服务作为大学生思想政治教育的重要载体、途径和实践方式，并没有得到部分高校领导的重视和认可。部分高校领导并不重视大学生志愿服务，这些高校也就未投入足够的人力、物力、财力来支持开展大学生志愿服务。

（2）高校教师对大学生志愿服务认识有所欠缺

据调查，部分高校教师认为，志愿服务不过是大学生课外活动的一种形式，意义不大，可有可无。部分专业课教师认为，在大学生中开展志愿服务活动，是学校各级党团组织的工作职责所在，与自己毫无关系。甚至还有极少数教师对大学生参加志愿服务持反对态度，认为它扰乱了学校的正常教学秩序。部分高校教师多以学习成绩来考核学生，而实践成绩只占一小部分。部分教师的认知偏差，影响了大学生对志愿服务的参与热情，妨碍了大学生志愿服务发展。

3. 从学生层面看：对大学生志愿服务的认识有些模糊

调查发现，有的同学认为大学生志愿服务活动与大学生成长毫无关系，有的同学认为大学生志愿服务活动对大学生成长有少量促进作用。有的同学把志愿

① 谭建光. 和谐社会需要志愿服务的创新发展——志愿者事业现状、问题与对策调查报告[J]. 中国党政干部论坛，2007(9)：32-34，18.

服务活动等同于学雷锋活动，有的同学认为大学生志愿服务是“社会慈善事业”，有的同学认为志愿服务是“援助社会弱势群体的平台”。总的来看，大学生并没有认识到志愿服务的教育意义，没有认识到志愿服务能促进大学生成长。

（1）大学生对志愿服务内涵认识不全面

部分大学生对志愿服务内涵的了解和认识不够全面，有的甚至还存在着误区。目前，仍有不少大学生简单地认为大学生志愿服务就是学雷锋做好事，就是义务劳动。部分大学生认为，大学生志愿服务不过是学雷锋活动的另一种说法或形式。部分大学生认为参与志愿服务活动，只是发扬奉献精神帮助他人，是个人的纯粹给予或单向付出，甚至是一种个人为他人和社会所作出的牺牲。有的大学生志愿者认为，志愿服务只是一种奉献行为，自己是奉献者，服务对象是受益者，没有认识到“大学生志愿者既是奉献者又是受益者”。这不但降低了大学生参与志愿服务的积极性，还影响了大学生志愿服务的广泛开展。还有部分大学生把志愿服务“神圣化”，觉得参与志愿服务是那些思想觉悟特别高的大学生的奉献行为，一旦参与志愿服务，便只得舍弃许多平常人的正常生活，这是普通大学生难以做到的。这种对志愿服务的误读，导致部分大学生对志愿服务敬而远之。

（2）大学生对志愿服务精神认识不深入

志愿服务精神作为志愿服务的灵魂，是激发大学生参加志愿服务的内驱力。目前，部分大学生对志愿服务精神的认识不够深入。有的大学生认为，奉献社会是少数精神境界比较高的同学的行为，自己参与志愿服务，只是为了达到自己评优、评奖、入党等目的，只参与一些诸如上街发放宣传单、走访敬老院和孤儿院等形式简单的志愿服务活动，没有必要参加那些需要长期从事的志愿服务项目。有的同学认为，帮助他人要在自己所能承受的范围内进行，付出是需要回报的，无私奉献只是少数党员的行为。由于对志愿服务精神缺乏正确的理解、认识，大学生便不能把志愿服务精神真正内化为自己的精神动力，降低了对志愿服务的参与积极性和热情，最终导致参与志愿服务存在功利性、缺乏持久性，阻碍了大学生志愿服务的发展。

(3)大学生对志愿服务理念认知不充分

大学生对志愿服务理念的认知,在一定程度上决定着大学生的志愿服务热情。因为认知不充分,部分大学生参与志愿服务缺乏目的性和方向性,热衷于志愿服务也只是盲目跟风,图个热闹,无法产生持久的热情。部分大学生参与志愿服务不是为了奉献爱心,而是为了随大流,或者是为了达到自己的某些目的。有的同学参加志愿服务是为了提升自我。这种利己而非利他的志愿服务动机,不可能让志愿者保持长期的服务热情,一旦达到目的,他们便不会再继续参加志愿服务。有的大学生参与志愿服务只是为了完成任务,只注重形式上参与,毫不关心服务内容和效果。有的同学参加志愿服务是为了完成学校安排的任务。这种"要我参加"的志愿服务活动,大多停留在完成突击任务的层面,导致大学生志愿者对其他社会公益事业的参与率比较低。有的大学生只热衷于参加短期的志愿服务活动,而不愿意从事长期的志愿服务工作。他们只图一时的轰轰烈烈,热衷于扛一面大旗、喊一串口号,走上街头,在路边发传单,在横幅上签字,热热闹闹搞完就收队。这些对志愿服务理念缺乏充分认知的行为,不但有损志愿者形象,还影响大学生志愿服务发展。

(二)各项机制不尽健全

据调查,目前我国大学生志愿服务的组织管理机制、招募培训机制、评价激励机制等还不健全。

1.组织管理机制不健全

目前我国大学生志愿服务的组织机构还不成熟,管理机制还不健全。关于大学生志愿服务组织制度的调查显示,有的同学认为比较健全,但有一部分已不适应发展的需要;有的同学认为太官方,没有实质的内容;有的同学认为不全面,整体结构不完善。

目前,我国的大学生志愿服务绝大多数是在高校团委指导下,由各院系团组织具体实施。部分大学生志愿服务组织没有形成稳定的大学生志愿者队伍,开展志愿服务活动时只能临时拉人参与或以任务的形式要求各团队参加，这样大大降低了大学生志愿服务的效果。

部分大学生志愿服务组织中，志愿者流动性大，管理干部更换频繁，这就导致大学生志愿服务队伍不稳定。部分大学生志愿者参与热情降低、参与次数减少等，有的大学生志愿者甚至退出。一些大学生结束志愿服务后，志愿服务组织机构便不再与大学生志愿者保持联系，下次若再有类似的大学生志愿服务，便又招募新的志愿者，这样就导致大学生志愿者队伍极不稳定。

2.招募培训机制不健全

招募和培训是大学生志愿服务顺利开展的前提。但是就目前而言，我国大学生志愿服务的招募培训机制不够健全。

(1)招募机制不健全

招募是开展大学生志愿服务的第一步，是吸引大学生前来应征、选择符合志愿服务条件者的关键步骤。招募机制是否健全科学，直接关系到能否成功招募高素质的志愿者，并决定着大学生志愿服务最终效果的好坏。当前部分大学生志愿服务组织在招募志愿者时没有资格审查、甄别和确认环节，招募程序简单随意，不重视对招募对象的能力要求。大多数高校招募大学生志愿者以单一的组织招募为主，组织招募代表着行政力量的推行，带有一定的行政色彩。

(2)培训机制不健全

系统完善的培训有助于大学生更深刻地认识志愿服务的内涵。目前我国大学生志愿者专业技能和服务经验缺乏问题比较突出，大多数培训却是以大众性的讲座形式开展的，很难引起大学生志愿者的兴趣，培训效果不尽如人意。培训机制的不健全，导致大学生志愿服务的效果得不到保证。

3.评价激励机制不健全

通过评价机制让大学生志愿服务组织、志愿者对自己所从事的大学生志愿服务的结果有所了解，再从物质上、精神上予以激励，势必会大大增强志愿服务效果。可是目前，我国大学生志愿服务的评价、激励机制都还不够健全。

(1)缺乏合理的评价机制

在大学生志愿服务活动结束后,需要对其进行科学合理的评价,这是总结志愿服务中的成功经验和发现问题、提出改进措施的重要环节。目前,我国大学生志愿服务活动基本没有制定科学具体的评价标准,也没有相应从事此工作的评价机构。许多志愿服务组织都只是做一些简单的总结性汇报,这就导致不能准确把握实际结果,无法明确具体存在的各项问题。

(2)缺乏科学的激励机制

科学的激励机制能充分调动大学生志愿者的积极性,激励他们踊跃参与志愿服务活动。目前我国大部分高校志愿服务组织激励机制不完善。激励以精神激励为主,激励范围相对狭窄,激励方法过于单一,示范作用不明显。有的高校对激励大学生志愿者的重视程度不够,缺乏实质性的激励制度,只是组织大学生志愿者不断地开展志愿服务活动。大部分高校主要采取的是精神激励,较少采用物质激励。不少高校主要采取评选优秀大学生志愿者等方式,对大学生志愿者进行荣誉性表彰激励。这种表彰激励方式主要在高校内进行,缺少社会的认可,这样容易导致激励的力度不够,在一定程度上削弱了志愿者的积极性,从而影响大学生志愿服务的持续开展。

(三)保障体系存在缺陷

高校大学生志愿服务保障体系存在缺陷,主要表现在大学生志愿服务缺乏相应的资金保障、法律保障和权益保障。

1.缺乏资金保障

资金短缺是影响志愿服务持续开展的重要因素之一,也是制约我国大学生志愿服务事业发展的重大问题之一。目前,我国还没有形成良好的大学生志愿服务资金保障体系,多数仍然是依靠政府拨款、项目经费或财政补贴等。

(1)政府扶持有限

政府对大学生志愿服务的财政支持存在较大局限性。大部分大学生志愿服务组织及项目较难得到政府财政方面的大力支持。在我国,大学生志愿服务的资金来源过度依赖政府的财政支持，资金来源渠道相对单一，资金相对短缺，导致大学生志愿服务发展受阻。

（2）高校投入不足

在资金方面，不少高校没有设置专项资金为大学生志愿服务提供保障。一般情况下都是开展一次志愿服务活动，申请一次经费，申请到的经费也时常捉襟见肘。大学生志愿服务组织较少向社会企业、个人等募集资金，这就使得大学生志愿服务资金来源渠道相对狭窄。从调研中了解到，大部分大学生志愿服务组织的资金筹集和管理能力不强，主动拓展融资渠道不够，不擅长争取社会资金支持，较多大学生志愿服务组织都曾遭遇过资金"瓶颈"。

（3）社会支持偏少

我国大学生志愿服务的资金主要来自高校和政府的支持。调查表明，目前，社会对大学生志愿服务的资金支持，主要有社会捐赠、基金会支持以及非营利性服务收益等。但是相比志愿服务水平发达的国家来说，我国的大学生志愿服务资金规模较小，基金量小，难以提供有效的资金支持。整体而言，虽然大学生志愿服务为社会提供了许多公共服务和产品，但因为缺乏社会的广泛认可和社会公众的大力支持，我国目前尚未形成人人支持志愿服务的社会氛围。

2. 缺乏法律保障

大学生志愿服务的顺利开展，离不开法律的保障。在我国，有针对性的大学生志愿服务法律法规尚未制定出台。这使得大学生志愿者受到侵害时，没有坚实的法律作保障，这种"流汗又流泪甚至流血"的事情时有发生，严重挫伤了大学生志愿者的积极性和主动性。大学生志愿服务相关法律法规的出台，能够为大学生志愿者的基本权益提供强制性的保障。

与其他学生社会活动一样，大学生志愿服务也不可避免地存在着风险。所谓风险，是指在志愿服务过程中，对志愿服务和志愿者可能产生负面影响的因素的不确定性。[1]在志愿服务过程中，大学生志愿者所面临的主要风险包括人身

① 聂阳阳．中国志愿服务法制化践行与探索[M]．北京：中国政法大学出版社，2010.

安全、精神损害等。这些风险的存在,就要求必须有相应的法律法规来保护大学生志愿者。大学生志愿服务活动要深入持久地开展,就必须依赖法律加以规范和提供保障。如果大学生志愿者在服务过程中得不到法律保障,就会大大降低大学生的参与热情,制约大学生志愿服务的持续开展。

3.缺乏权益保障

大学生志愿者合法权益得到保障,是保证大学生志愿服务持续健康发展的重要条件。但就目前而言,大学生志愿者在志愿服务过程中的合法权益未能得到很好保障。在志愿服务过程中,大学生志愿者有时会给自己带来损失;有时会受到不同程度的伤害,甚至是暴力相向;有时会因为社会民众的误解,不能受到应有的尊重,常被当作免费劳动力;有时人身安全会受到威胁。[①]这些在一定程度上严重挫伤了大学生的参与积极性。调查数据显示,在服务过程中,9.5%的志愿者身体上遭受过伤害,18.5%的志愿者精神上遭受过伤害。如年仅21岁的志愿者冯勇2002年在可可西里参加“绿色江河”志愿服务活动时不幸遇难,这给志愿者活动敲了一记警钟。因此,如何保障志愿者的安全是必须重视的问题。[②]

保障大学生志愿者的权益,能解决大学生在志愿服务中的各种后顾之忧,使其全身心投入志愿服务中。比如,在志愿服务中所产生的食宿、交通等费用,以及志愿服务期间的人身意外保险购买等,需要大学生志愿者自行解决,这对于大学生志愿者来说无疑是一种考验和负担。这种“倒贴式”的志愿服务,很难让大学生志愿者保持持久的参与热情,有时甚至会产生一些负面的影响。关于对志愿服务报酬问题的看法,调查中有的同学认为,大学生参与志愿服务不用考虑报酬,但在志愿服务期间应该适当考虑车贴、餐补等基本补贴,不让作为消费者的大学生自己掏腰包;有的同学认为,参与可能发生人身危险的志愿服务活动前,应该为大学生志愿者购买人身意外保险。

① 廖菲,陈杰.志愿服务长效机制总体建设的探讨[J].当代青年研究,2009(8):36-41.

② 谭建光,李森.中国志愿服务指南[M].广州:广东人民出版社,2007.

（四）管理运作环节薄弱

调查发现，我国大学生志愿服务在管理运作方面存在一些薄弱环节，这在一定程度上阻碍了大学生志愿服务的持久开展。

1. 队伍不够专业

调查发现，有的同学认为大学生志愿服务组织指导教师不够专业，有的同学认为管理干部能力欠缺。大学生志愿服务的发展与专业的组织管理队伍密不可分，这就需要大学生志愿服务组织管理人员必须具有过硬的专业素质和水准。

目前，我国大学生志愿服务工作主要由高校共青团教师负责指导，大学生志愿服务组织的管理者主要由优秀学生干部、党员等担任。组织者和管理者基本没有接受过专业的教育和培训，不具备系统的社会学知识，缺乏组织管理经验，导致大学生志愿服务的管理和指导缺乏科学性和专业性。

2. 运作存在缺陷

目前，我国大学生志愿服务在运作上存在缺陷，主要表现在以下几个方面：

（1）项目设计缺乏创新

部分大学生志愿服务活动缺乏创新元素，盲目跟风，低水平重复现象较为严重。不少高校大学生志愿服务组织在项目设计上将大学生志愿服务领域局限于到福利院做卫生、为孤寡老人献爱心、免费散发宣传单等方面。有的高校见其他高校的某项志愿服务做得比较成功，便不顾自身的实际情况，盲目地进行效仿。有的高校只按照共青团中央等部门要求开展的志愿服务项目进行落实，而不根据自身实际和时代要求，深入开展志愿服务项目创新。这就导致部分高校大学生志愿服务项目缺乏创新，所开展的志愿服务活动基本相似，缺乏自己的特色。

（2）活动开展流于形式

调查发现，有的同学认为，目前所开展的志愿服务活动只是流于形式，没有真正落实服务工作。大学生志愿服务中出现了一些不符合志愿服务精神的现象，即形式化和“走过场”的现象，停留在表面的较多，落到实处的较少；无计划、偶发性活动多，有计划、长期性的活动少。有些高校组织开展“千人参与”“万人签名”之类虚有其表的志愿服务活动，并未实现真正意义上的帮助他人和服务社会，也没能让大学生在志愿服务中提升自我。尤其是在每年三月的“青年志愿者活动月”前后，大学生志愿服务活动宣传海报在校园里随处可见，各式各样的志愿服务活动火热开展，但很快就销声匿迹了。这些“三月来，四月走”短期行为的“形式化”大学生志愿服务，只是为了完成工作任务而已，并未考虑长远，势必会影响大学生志愿服务的社会形象。

(3)服务内容纵深推进不够

调查显示，有的同学认为大学生志愿服务形式单一，缺乏吸引力；有的同学认为当前大学生志愿服务的内容过于单调，需要革新和补充。有的同学表示参与的志愿服务与自己所学专业部分相关，有的同学认为毫不相关。目前，大学生志愿服务还没能很好地适应社会的发展需要，服务内容的专业性和技术性不强，较少考虑结合大学生志愿者的专业特长，也没能很好地发挥大学生志愿者的专业技能。在服务内容的设计上，大多是从服务对象的需要出发，没有考虑大学生志愿者的需要，未从实现“双赢”的角度进行设计。总的来讲，志愿服务内容纵深推进不够。

三、大学生志愿服务存在问题的主要原因

我国大学生志愿服务虽然在较短时间内取得了显著的成绩，但是其发展过程中仍存在诸多问题。究其原因，主要有：志愿服务组织管理行政化的限制，志愿者服务能力与水平不足的制约，高校、社会和政府重视不够的阻碍，外部环境消极因素的干扰等。

(一)志愿服务组织管理行政化的限制

我国的大学生志愿服务主要采取以高校各级团组织为主体的管理模式。其管理存在着一定的行政化色彩，这成为我国大学生志愿服务问题产生的原因之一。

国外志愿服务组织是独立于政府和企业的“第三部门”,政府对其干预不大。我国的大学生志愿服务是在政府和各级党团组织的推动下逐步开展起来的,志愿服务组织带有一定的行政色彩。

调查发现,有的同学认为大学生志愿服务的管理过于行政化,有的同学参加志愿服务是为了完成学校安排的任务。大学生志愿服务基本是由团组织直接管理的,主要采用自上而下的方式层层推动。大部分高校建立的大学生志愿服务的基本组织框架,基本是由学校党团组织和各院系志愿服务团队等构成的。

在这种组织体制下,大部分大学生志愿服务活动都由上级团组织设计提出、下级团组织贯彻落实,采用组织化动员方式,依靠行政主导力量来推动开展,这就使得大学生志愿服务活动是执行自上而下的行政命令,或多或少带有强制性和指派性。这种自上而下的组织化动员隐含一定的强制性命令,让部分大学生迫于组织压力而参与志愿服务,而并非真正意义上的志愿者。这种行政化的模式,与志愿服务的自愿性是相矛盾的。从某种意义上来讲,过于行政化的管理阻碍了大学生志愿服务发展。

我国的部分大学生志愿服务组织通过行政化手段来动员、组织大学生开展志愿服务活动。这种方式能够在短时间内快速动员并组织大量大学生,在志愿服务发展初级阶段发挥了较大作用。随着大学生志愿服务的不断发展,这种组织管理的行政化导致了一些问题。

在高校团委的领导下,大学生志愿服务组织难免要承担学校的一些行政或半行政任务。高校团组织接受上级下达的任务,并要求大学生志愿服务组织落实完成。为完成这些行政或半行政任务,大学生志愿服务组织就只能采取行政化的组织动员。这种行政或半行政任务,使得大学生参与志愿服务由“我要参加”变为“要我参加”。

这种非自愿的“要我参加”,导致了大学生的被动参与,难以保证志愿服务效果。这大大降低了大学生的参与兴趣和热情,甚至导致一些学生产生抵触情绪,对大学生志愿服务活动开展的初衷产生误解,让一些志愿服务活动流于形式,降低了大学生志愿服务组织的感召力和凝聚力。由此可见,行政化管理模式在一定程度上会影响大学生志愿者自主性、创造性的充分发挥，最终影响大学生志愿服务功能的有效发挥。

（二）志愿者服务能力与水平不足的制约

大学生志愿者作为大学生志愿服务的主体，其服务能力与水平影响和决定着最终的服务效果。大学生志愿服务存在问题的又一重要原因是志愿者服务能力与水平不足。

1.志愿者服务能力不足

志愿服务活动能否取得成效，很大程度上与志愿者服务能力的高低有关。志愿者服务能力，是志愿者在服务过程中所表现出来的解决问题的能力。就目前而言，我国大学生志愿者服务能力相对偏低。大学生志愿者作为学生，处于成长发展阶段，各方面的能力都有待提高。大学生一直生活在高校校园里，与社会基本处于“半隔离”状态，缺少足够的社会知识和经验，一旦委以重任，就会暴露出能力不足的弱点。

有的大学生志愿者在心理、情感等方面的服务能力不足，大多数服务依旧停留在“代劳”层次上；有的大学生志愿者沟通协调能力、人际交往能力欠缺，不能很好地与服务对象建立起良好的关系，也不能很好地与志愿服务团队其他成员沟通交流；有的大学生志愿者独立分析问题和解决问题的能力不足，在遇到困难和问题的时候，他们往往不知所措；有的大学生志愿者自觉服务能力不足，服务工作比较被动，还停留在听从上级安排和完成组织任务的层面。这些都导致大学生志愿服务中的许多工作基本处于应付状态，影响了志愿服务的效果。在志愿服务中，大学生志愿者所表现出的能力不足，不仅导致整体服务水平和质量不高，还可能打击他们的自信心，降低他们的参与积极性和热情，阻碍大学生志愿服务的有效开展。

2.志愿者服务水平不足

志愿者的服务水平，是影响和决定志愿服务效果的重要因素。志愿者服务水平，是指志愿者在志愿服务方面所达到的高度。目前，我国大学生志愿者的整体服务水平较低，大多仅停留在服务表面，没有将志愿服务作为一项自己会长期从事的事业来看待，缺乏提升服务水平的意识。

就大学生参与志愿服务的动机而言，有的是满足好奇心；有的是为了在别人前展现自己的公益形象；有的是盲目跟风，凭着自己当时的热情和冲动，就申请参加了志愿服务。这些不良参与动机，都是导致服务水平较低的重要因素。有的大学生缺乏对志愿服务的全面、客观认识，也没有充分预见志愿服务过程中可能遇到的问题和困难。一旦他们在志愿服务过程中遇到挫折，就会显得浮躁、不务实，有的甚至选择逃避，不愿意采取积极的措施来应对。

大学生志愿服务是一项长期的、持续性的服务工作，大学生志愿者不能单凭自己的一时热情来工作。大部分大学生志愿者不能长久地坚持参与志愿服务，只是勉强应付一些短暂的、临时性的志愿服务活动。这不但影响了大学生志愿服务的效果，还让社会对大学生志愿者留下不好的印象。总之，大学生志愿者的服务水平不高，已成为制约大学生志愿服务发展的重要原因。

（三）高校、社会和政府重视不够的阻碍

大学生志愿服务的发展，离不开高校、社会和政府形成合力给予大力支持。但目前社会、政府、高校对大学生志愿服务重视程度不够，支持力度不够，这在一定程度上阻碍了大学生志愿服务的持续发展，是大学生志愿服务存在问题的又一重要原因。

1. 高校对大学生志愿服务的重视不够

目前，部分高校仅把大学生志愿服务简单定位为一种社会实践方式，对志愿服务的思想政治教育功能重视不够，对志愿服务是高校实现实践育人的重要途径认识不足。这就导致部分高校对志愿服务的宣传倡导、志愿服务活动的组织动员、志愿服务活动的资金支持等方面都显得不足。

在大学生志愿服务活动开展上，不少高校只是在活动前提提意见，活动后听听汇报，不太重视活动的开展，直接影响了活动的实效。高校教师作为大学生的引路人，在传授知识的过程中，其道德观念、言行举止等都会对大学生产生深刻而全面的影响。部分高校专业课教师缺乏对大学生进行思想道德品质方面的教

育和引导。一些专业课教师认为,倡导志愿服务精神和宣传志愿服务活动是思想政治教育教师或团委教师的职责,自己的职责只是教好专业课,因此对大学生志愿服务不够重视,也不太重视积极引导大学生参与志愿服务。不少高校对大学生的考核以学习成绩为主,尚未制定出大学生社会实践的考核办法。有的高校对大学生志愿服务的考核、评价和激励不太重视,各项机制尚不健全,不能很好地激励大学生积极参与志愿服务。

2. 社会对大学生志愿服务的重视不够

大学生志愿服务事业的发展是一项系统工程,需要全社会的广泛参与和共同关注,需要社会各界为大学生志愿服务提供物质援助和资金支持,这样才能促进大学生志愿服务的持续开展。但目前,社会对大学生志愿服务的重视不够,这就导致社会中的个人、企业等对大学生志愿服务的支持有限。

有的社会公众对大学生志愿服务重视不够,不愿意认识和了解志愿服务,甚至对其存在误解,使得大学生志愿服务行为得不到社会的认可和支持,服务的自愿性和非营利性被曲解,不利于大学生志愿服务的良性发展。我国社区团体、民间团体发展还不够充分,企业对大学生志愿服务支持不够,尤其是资金支持非常有限,使得大学生志愿服务难以走出资金短缺的困境。社会媒体的重视不够,导致不能很好地在全社会宣传和倡导大学生志愿服务,不能增强社会对志愿服务的了解和认识,不能在全社会营造良好的大学生志愿服务氛围,不能吸引更多的人和企业支持大学生志愿服务。有的社区重视不够,制约了志愿服务基地的建立,影响了社区志愿服务效果。

3. 政府对大学生志愿服务的重视不够

就目前的整体情况而言,我国政府对大学生志愿服务的支持力度略显不足。政府对大学生志愿服务重视不足,主要表现为资金支持不足以及提供的保障不足。

我国政府目前对大学生志愿服务的经费投入所呈现的样态是:对国内重大事件的大学生志愿服务投入经费较多,比如,北京奥运会、南京青奥会等大型志愿服务活动项目，得到了国家及地方各级政府的大力支持；对日常化、生活化的大学生志愿服务项目投入经费略显不足。我国大学生志愿服务要健康持续发展，不仅要依靠重大事件志愿服务的带动，更要促使其持续化和常态化。这种经费投入方式，在一定程度上阻碍了大学生志愿服务的长期发展。大学生志愿服务组织资金匮乏，主要原因是政府的重视程度不够，导致资金支持不足。高校在资金划拨上对大学生志愿服务存在一定轻视。

另外，政府对大学生志愿服务法律法规方面的保障亦略显不足。我国大学生志愿服务的相关法律法规还不够健全，各个地方对志愿者、志愿服务组织等的保障标准不统一。政府对大学生志愿者、志愿服务组织在权利、义务保障方面也存在一定程度的不足。这就使得志愿者的权益得不到足够的保障，一定程度上挫伤了大学生志愿者的积极性。总之，政府对大学生志愿服务的重视不够，不利于大学生志愿服务的健康持续发展。

（四）外部环境消极因素的干扰

大学生志愿服务的发展受外部环境影响较大，良好的外界环境能给大学生志愿服务提供优越的发展条件，而外界环境中的不良因素则影响了大学生志愿服务的开展效果。研究表明，外部环境中消极因素的干扰是大学生志愿服务出现问题的重要原因之一。

1. 市场经济趋利性的干扰

市场经济极大地推动了我国生产力的发展，但它的负面效应影响和干扰了大学生志愿服务的发展。部分人把追求经济利益看得尤为重要，甚至用金钱的多少来衡量一个人的成败，完全忽视了人的道德修养和道德情操。市场经济的趋利性使得少部分大学生变得急功近利，过于追求自我的物质满足，极少关心公益事业，社会公益精神缺失，对大学生志愿服务漠不关心，没有参与志愿服务的热情和激情。

市场经济导致了部分人对“唯利是图”“金钱至上”等价值观念的认同。这些不良价值观念在大学生中产生了一些负面影响，使得少部分大学生只追求物质享受，缺乏奉献精神。在市场经济追求经济利益的负面影响下，部分大学生变得更加自我和逐利，被利益冲昏了头脑，过分关注自我的生存状态。有的同学萌发了一切向“钱”看的思想，觉得参与服务工作就应该获得足够的报酬，没有报酬的志愿服务对这些同学缺乏吸引力。这就导致部分大学生对他人的奉献精神和社会责任感缺失，不利于志愿服务精神的倡导和弘扬。总之，市场经济的负面效应影响了大学生志愿服务的健康发展。

2.社会人群功利思想的干扰

社会人群中功利思想会对大学生志愿者产生不良影响，使少部分大学生参与志愿服务的动机存在功利性。助人为乐、无私奉献等社会性志愿服务动机，是大学生能够长期从事志愿服务的动力。但在功利思想影响下，少数大学生参与志愿服务不是出于关爱和奉献，目的也并非帮助他人和服务社会，而只是为了综合测评加分，获得推优入党优先权，获得别人赞赏和艳羡的眼光等。

在功利思想的驱使下，部分大学生在志愿服务过程中挑肥拣瘦，只愿意从事与自身现实利益相关的服务工作，或者不需要自己付出和奉献太多的工作，强调和关注的是自我利益而非他人和社会的利益。单纯为了获得回报和荣誉的思想和做法是违背志愿服务精神和志愿服务本质的，是大学生没有将志愿服务精神内化为意识的表现。这种功利性的参与动机，使得志愿服务效果大打折扣，降低了大学生志愿服务的质量和水平，制约了大学生志愿服务的健康发展。

第七章　大学生志愿服务的国外借鉴

志愿服务起源于19世纪初西方国家的慈善服务。国外大学生志愿服务自开展以来，经历了长期发展和积累，得到了社会的广泛认可。尤其是部分发达国家，志愿服务事业已进入较为成熟的阶段。国外志愿服务迈上了制度化、系统化、规范化的轨道，形成了一套较完整的运作机制。借鉴国外大学生志愿服务的经验，能为我国大学生志愿服务发展提供有益参考。本章将主要介绍国外大学生志愿服务的概况与特征、发展与经验，探讨国外大学生志愿服务的有益借鉴等。

一、国外大学生志愿服务的概况与特征

国外大学生志愿服务具有较为完整的运作机制，组织化和规范化程度较高，涉及社会多个领域，已经成为促进社会发展必不可少的一部分。不少国外政府比较重视大学生志愿服务，将其纳入高校课程体系，开展了丰富多彩的课外大学生志愿服务活动。国外大学生志愿服务有比较完善的法律法规做保障，呈现出参与的大众性、政府的推动性、激励的多样性等特征。

(一)国外大学生志愿服务的概况

国外特别是部分发达国家大学生志愿服务自开展以来,在全社会的共同推动下,取得了快速发展和长足进步。在国外大学生志愿服务中,欧美以美国和英国的大学生志愿服务最为发达,亚洲则以日本、韩国、新加坡的大学生志愿服务最为发达。

1.国外志愿服务的典型案例

(1)美国志愿服务

美国早期的志愿服务是由实际生存压力和宗教性的慈善服务两方面共同催生的,工业革命和独立战争对美国志愿服务发展起到了强有力的推动作用。20世纪两次世界大战为美国志愿服务提供了发展契机。1966年,时任美国总统肯尼迪签署的《志愿服务美国法》更是将志愿服务推到了更高的发展阶段,也由此拉开了美国志愿服务立法帷幕。1971年,尼克松政府发动了和平运动、寄养祖父母运动、服务退休行政人员等计划,吸引更多的美国人加入志愿服务。1974年的一项调查结果表明:有相当于当时总人口24%的美国人曾先后参与过志愿服务。

到20世纪80年代,美国志愿服务逐渐走向成熟,并涉及更多领域,开始向环境保护、消除贫困等方面倾斜。1990年,美国颁布了《国家和社区服务法案》。1997年,美国颁布了《志愿者保护法》。进入21世纪,美国志愿服务发展极为迅速。2009年,美国联邦政府通过了《服务美国法》,以此来鼓励包括大学生在内的美国人民参与志愿服务,并从立法的角度为志愿者提供保障。2009年7月,美国国家和社区服务公司公布的报告《美国志愿者活动》显示:在2008年,16岁以上的人群中有6180万人参加了有组织的志愿者活动,比2007年增加了近100万人。年龄在16~24岁之间的青年志愿者人数为824万人,比2007年增加了44万人。大学生成为志愿者队伍的主要组成部分,69.7%的大学生认为参与社会志愿活动、帮助他人非常重要,这一比例也创造了自1970年以来的最高纪录。①

① 张朔.美国青年志愿服务概况及启示[D].长春:东北师范大学,2013.

当前,美国国家与社区服务机构有3项针对青年学生开展的志愿服务项目:一是“全国公民社区团”。这项志愿服务活动要求学生年龄为18~24岁,在接受培训后以小组为单位被派遣到服务地区开展一系列服务活动。二是“学习和服务美国”计划。这项服务活动为各阶段与志愿服务活动相关联的学生提供资助和指导,在青少年成长的各个阶段贯穿公民意识与服务意识教育。志愿者以志愿服务为载体培养公仆精神、仁爱观念、奉献精神,升华人生观和价值观,成为高尚的人。三是“为美国骄傲”计划。这项活动旨在使青年学生在保护美国环境和历史文化的过程中培养爱国情怀。

(2)日本志愿服务

二战结束后,日本主要就应对各种自然灾害和解决战后混乱问题开展志愿服务,此阶段的志愿服务呈现出自发性和无组织性等特点。20世纪60年代,大阪志愿者协会创刊发行的《志愿者》,对界定志愿者概念以及增进社会对志愿者的了解起了很大作用。这一时期最为活跃的青年志愿者组织有日本青年志愿者协会和海外青年协力队。1967年,一个全国性的青年志愿者组织——日本青年志愿服务协会成立。到70年代以后,各类公益团体、慈善协会、公益信托机构及志愿服务组织蓬勃发展起来,志愿服务的服务领域持续深化,服务规模不断扩大,逐渐形成全国性的志愿服务机制。此阶段的志愿服务呈现出组织性和目的性等特点。80年代以后,日本志愿服务不断繁荣发展。

1995年,日本发生阪神大地震,大批志愿者积极参与救灾救援,发挥了极大的作用,这让志愿服务得到了日本全社会的认可和重视。因此,有人将1995年称为日本的“志愿者元年”。1998年日本颁布《特定非营利活动促进法》(简称NPO法),此法的实施大大鼓励了日本市民参与志愿服务的积极性,也为大学生参与志愿服务提供了更多的平台。2002年,日本文教部将志愿服务纳入学生“综合学习时间”。大学生已经成为日本志愿服务事业的重要力量,当前,日本大学生志愿服务主要涉及防灾救灾、环境保护、社会福祉、儿童教育、残疾人支援、医疗健康服务、海外支援等领域。

2007年开始,日本将志愿服务纳为高中生的必修科目。日本《2016年国民生活基本情况报告书》中的数据显示，2016年，日本有2798万余人参与了志愿服务，占人口总数的22.1%，其中15岁以上青年志愿者数量为207万余人，占在学青年总数的30.6%。日本内阁府发布的《关于NPO法人的情况调查》显示，截至2019年3月，日本全国共有51592家拥有正式法人资格的NPO团体。①

最具代表性的青年红十字志愿团与日本国际协作机构（简称JICA）作为日本规模最大的服务组织，以18~30岁青年为主体，在遵循红十字活动理念基础上开展海外援助、儿童教育、救援培训、敬老院活动等服务活动。在日本政府积极推动下，青年志愿服务现已形成完备的服务机制，成为促进社会进步的重要力量。②日本大学生志愿服务现已形成了一个完整体系，并被纳入国家行政管理体系。

2. 国外大学生志愿服务的主要形式

按照社会发展要求和大学生志愿服务目标，国外采取了多种形式开展大学生志愿服务活动，并取得了明显成效。

（1）将大学生志愿服务纳入高校课程教育体系

国外一些高校把大学生志愿服务纳入大学生课程体系中，将志愿服务与大学生的学业结合起来，鼓励大学生积极参加志愿服务。不少高校开设有志愿服务相关学习科目，把参与大学生志愿服务作为大学生在校学习的重要环节和内容，教育和引导大学生人人参与志愿服务。

例如，美国部分高校开设了志愿服务相关课程，规定所有大学生都必须参与一项社会服务工作，完成该工作以后才给予其相应学分。美国政府还要求高校出台政策为大学生志愿服务提供保障，因此美国许多高校都明文规定大学生可以把志愿服务的时长换成在校就读的学分。在韩国，已有12所高校设立了志愿服务研究所，而且还有1所高校专门设立了志愿服务系。墨西哥要求每位大学生在校期间必须完成至少半年的社会服务工作，才能够获得毕业文凭。日本高校引进了志愿服务课程，这些课程中26%属于必修课，74%属于选修课，具体学

---

① 刘丽丽.中日大学生教育志愿行动激励机制比较研究[D].哈尔滨:哈尔滨师范大学,2020.

② 蔡金杰.大学生志愿服务的实践育人功能及其实现路径研究[D].石家庄:河北师范大学,2020.

分则由各高校根据培养方案来确定，1~4个学分不等。[①]根据日本学生支援机构2008年的调查，开设志愿者教育相关课程的大学占日本全国大学总数的35.4%，80%以上的大学设有志愿行动支援部或中心。日本学生支援机构2017年的调查结果显示，日本开设志愿行动课程与计入学分的高校占比达到38.5%。[②]

把志愿服务纳入高校的课程体系，重视开展志愿服务教育，支持大学生参与志愿服务活动，有力地推动了大学生志愿服务的发展。

（2）开展丰富多彩的课外大学生志愿服务活动

国外一些高校非常重视大学生志愿服务活动，组织开展了内容丰富、形式多样的大学生志愿服务活动。

如在日本，不少高校都设有志愿服务咨询窗口，这些窗口为大学生提供志愿服务相关信息。美国部分高校专门成立了大学生志愿服务协会或者机构，例如：耶鲁大学成立了"社区服务中心""哥伦布之家"，普林斯顿大学成立了"学生志愿者协会"等。这些中心、协会专门从事大学生志愿服务的组织、策划以及实施等工作。国外不少高校的大学生志愿服务，现已拓展到社会福利之外的领域，涉及社区管理、贫困失业扶助、环境保护等方面。

国外大学生志愿服务主要可以分为五大类：一是对外服务，如美国的"和平队""大学生对外服务机会队"和"海外发展联系网"，加拿大的"加拿大世界青年"和"加拿大海外大学服务"，德国的"志愿队"等；二是社区服务，如美国的"全国青年服务首创"和"为公众和社区服务规划"，加拿大的"卡蒂马维克"计划等；三是以服务弱者为主的为需要帮助的人士提供服务，如美国范德比尔特大学的"保健服务中心"，加拿大的"91挑战"等；四是民用服务，如德国的"国家服务"，法国的"民用服务"等；五是环境保护宣传，如美国的"城市志愿队"和"环保队"，加拿大的"保护环境青年队"等。[③]

① 郑朝静．大学生志愿精神培育研究——以福建省为例［D］．福州：福建师范大学，2012．

② 刘丽丽．中日大学生教育志愿行动激励机制比较研究［D］．哈尔滨：哈尔滨师范大学，2020．

③ 王芳．中外大学生志愿服务比较研究［J］．化工高等教育，2000（3）：76-79．

3.国外大学生志愿服务的基本保障

国外大学生志愿服务的基本保障机制较为完备，部分国家制定了专门的法律法规，出台了相关政策来保障志愿服务的顺利开展。社会对大学生志愿服务的支持力度也比较大，为大学生志愿服务的开展提供了大量的资金支持，营造了良好的社会氛围。

(1)政府的重视与支持

一些国家重视大学生志愿服务，出台了一系列相关政策，同时也采取了一些有力措施，来支持大学生志愿服务。

美国政府制定、出台了许多相关计划、政策来支持和推动大学生志愿服务事业发展。美国政府规定：对于特定的非营利组织，给予税收上的特殊优待；参与志愿服务的志愿者，可用志愿服务的时间换取税收上的优惠。为鼓励更多的大学生志愿者参与志愿服务，美国政府设立了多种表彰方式来激励大学生志愿者，还制定了鼓励大学生参与志愿服务的政策。比如，《国家与社区服务法案》明确规定：凡参加志愿服务时长累计达1400小时的青少年，可以享受政府提供的每年4725美元奖学金。再比如，凡是参加“为美国服务”的大学生志愿者，服务满一年后，就能得到两个学期的奖学金，且在选择联邦职业时可以免试。所有参加“全国民事社区服务队”的18~24岁的志愿者，只要服务满10个月，就能够获得6000美元的津贴和2000美元的一次性奖学金。美国政府为大学生志愿服务投入了大量资金，以保证大学生志愿服务能够持续有效地开展。英国政府制定了相关政策和制度来扶持大学生志愿服务。如英国颁布了捐献制度，该制度为社会企业员工进行小额捐赠提供了便利，还规定企业的捐赠部分全部免税。[①]这些政策、制度等保障了大学生志愿服务的多渠道资金来源。

(2)完善的法律法规

不少国家制定了较为完善的法律法规，为大学生志愿服务的开展提供了可靠保障。

---

① 张海鸥.我国志愿者队伍发展的制约因素及其解决途径[D].成都：电子科技大学，2010.

目前,英国、法国、西班牙、美国、加拿大、阿根廷、巴西、澳大利亚、日本、新加坡等都制定有志愿服务法规或者非营利组织的法律法规,以指导志愿服务工作。[①]在志愿服务较为发达的美国,早在1966年,时任总统肯尼迪就签署了《志愿服务美国法》,为志愿服务立法拉开了序幕。美国志愿服务相关法律法规主要包括:《国内志愿服务修正法》《志愿者保护法》《服务美国法》《国家和社区服务法案》《全美服务信任法案》等。[②]这些法律法规的颁布,为美国大学生志愿服务活动的开展提供了法律保障,促进了美国大学生志愿服务的发展。

(3)多渠道的资金筹备

除了制定并出台保障政策和优惠政策外,政府还帮助大学生志愿服务组织积极筹措资金。许多国外企业通过设立基金、直接捐助等方式,为大学生志愿服务活动提供大量资金支持,积极推动大学生志愿服务发展。除政府与企业的资金支持外,私人捐赠、教会捐赠也是大学生志愿服务的重要资金来源。大学生志愿服务组织也可通过收取会员会费、宣传推广服务项目等方式来筹集资金。据调查,2009年美国非营利组织的收入中,42%来自提供服务的收入,30%来自政府拨款,20%来自社会捐赠,8%来自投资收益。[③]

(二)国外大学生志愿服务的特征

国外大学生志愿服务各有特色。总的来讲,国外大学生志愿服务所呈现出的特征主要有以下几个方面:

1.参与的大众性

受体制、经济、文化、政策、宗教等因素的影响,国外志愿服务拥有较为广泛的群众基础,形成了积极参与的良好氛围。大学生参与志愿服务的积极性比较高,他们把参与志愿服务作为实现理想抱负、展示才能、积累工作经验的重要途径。

① 梁绿琦,纪秋发.国外及港台地区志愿服务的经验与借鉴[J].中国青年研究,2011(11):105-108.

② 高嵘.美国志愿服务发展的历史考察及其借鉴价值[J].中国青年研究,2010(4):108-113.

③ 张锋.国外志愿服务的经验及其启示[J].教育探索,2014(4):147-148.

2.政府的鼓励性

国外政府对大学生志愿服务的发展起了较大的推动作用。如，德国政府要求，所有中学生毕业后，如果不入伍服役，就必须要参加一定时间的志愿服务，如到医院、社区、福利机构从事志愿服务工作，当志愿服务达到规定的要求后，就能享受被大学优先录取的待遇。德国许多单位在招聘高校毕业生时，会优先考虑曾经参与过志愿服务并获得满意评价的大学生。新加坡政府将志愿服务机构认定为法定机构，由法律确定其地位，规定每年的7月为“志愿服务月”，每年的4月为“关怀分享月”，由政府颁发“社会服务奖”和“公共服务章”。韩国政府规定，中学生必须每年参加40小时的志愿服务，并将此作为他们升学的重要考核因素。在墨西哥，政府规定大学生在校期间必须完成至少半年的社会服务，才能获得毕业证书。[①]法国政府规定，所有年满18岁且符合条件的男性，都必须履行国民志愿役，如有违规，则判处2年的有期徒刑。美国政府在1973年就制定了《志愿服务法》。全美独立学校协会声称，50%以上的会员学校为大学生提供了形式多样的志愿服务，约25%的会员学校规定参与志愿服务是大学生获得毕业证书的先决条件之一。不少学校设立了专门机构，制订了财政计划，安排专职社会工作人员从事志愿服务的管理，为参与社区志愿服务的大学生提供学分等。[②]

3.激励的多样性

开展多种方式的激励，是国外激发大学生志愿服务动力的重要措施。激励方式主要包括物质利益激励、精神荣誉激励和政策保障激励等。激励主要来源于政府部门的激励、高校的激励和社会的激励。给予丰厚的物质利益奖励，是国外政府、社会激励大学生志愿者的重要手段之一。物质利益奖励不仅体现在给予物质酬劳上，还体现在学校、企业等对大学生志愿者升学、就业的优先考虑和额外照顾上。

在新加坡，对志愿者的奖励多为精神奖励，分为多个层次。这些精神奖励都非常隆重，新加坡公民也非常重视和珍惜此等荣誉。如新加坡人民协会设立的

① 张艳.构建和谐社会战略背景下中国志愿服务事业发展研究[D].重庆：重庆大学，2007.

② 孙倩.美国的慈善事业[J].社会，2003(6)：54-55.

社会服务奖，共分为“公共服务星条勋章”“公共服务勋章”和“公共服务奖状”三个层次，这些奖励通常会在每年的国庆日，由新加坡总统或总理颁发。[①]泰国政府规定：大学毕业生只要到贫困地区参与并完成一年的志愿服务，就会获得政府颁发的证书，凭此证书就可获得更好的就业机会和升学条件。在美国，一些大学在录取新生时会考察申请人的志愿服务经历，还有一些大学将志愿服务时长作为申请奖学金的加分项。美国政府通过立法的形式来激励志愿者，如2009年《服务美国法》倡导、鼓励包括大学生在内的所有人员都积极参加志愿服务。美国的荣誉激励，主要是在各机构和志愿服务组织设立奖项，如“优秀学生服务奖”“美国青年志愿服务奖”等，激励青年大学生参与志愿服务。[②]

二、国外大学生志愿服务的有益借鉴

国外大学生志愿服务显示出蓬勃发展的生命力，成为促进当地社会发展的重要力量。比较分析国外大学生志愿服务在参与动机、组织形式、激励措施、保障措施等方面的差异，能为我国大学生志愿服务提供有益借鉴。大学生志愿服务可以借鉴国外政府政策及资金大力支持、完善的全国性志愿服务立法、社会企业的广泛参与和大力支持、高校重视开展大学生志愿服务教育和研究、将大学生志愿服务与大学生能力培养结合起来等方面的经验。

（一）国外大学生志愿服务的比较分析

大学生志愿服务在世界各国的重视和推动下获得了快速发展，有力地促进了世界志愿服务事业发展。不同国家的基本国情和文化背景等不尽相同，因此大学生志愿服务存在差异。比较国外大学生志愿服务在参与动机、组织形式、服务内容等方面的差异，能为我国大学生志愿服务提供经验借鉴。

① 郑朝静．大学生志愿精神培育研究——以福建省为例[D]．福州：福建师范大学，2012．
② 张朔．美国青年志愿服务概况及启示[D]．吉林：东北师范大学，2013．

1.正确认识参与动机的不同

国外大学生参与志愿服务的动机主要受社会意识形态的影响。国外大学生参与志愿服务,比较注重张扬个性和发展自我。他们参与志愿服务的目的,绝大多数是为了满足自己的精神需要,把参与志愿服务作为一种单纯的生活方式的尝试。国外大学生参与社会事务的意愿比较强烈,他们把志愿服务作为参与社会事务的重要平台。在他们看来,自己作为社会的一员,参与志愿服务是自己的权利和义务。同时,国外大学生把参与志愿服务作为提升自身综合素质、实现自身价值和为就业做准备的主要途径,是一种日常的和自觉的行为,主动性和积极性都比较高。

我国大学生参与志愿服务的目的重在助人。助人是一种高尚行为,鼓励大学生在力所能及的条件下,甚至是在"舍己"的情况下努力帮助别人。我国的传统价值观念如无私奉献、助人为乐等,对大学生有着比较深远的影响。20世纪80年代后期,志愿服务传入我国,并快速发展起来。自20世纪90年代以来,特别是2008年以来,我国大学生志愿服务已呈蓬勃发展之势。我国的大学生从小就接受爱国主义和集体主义教育,他们认为,参加志愿服务活动是爱祖国、爱集体的表现。

2.正确分析组织形式的差异

国内外大学生志愿服务的组织形式呈多样化发展趋势,但总体而言,大学生志愿服务的主要组织形式有两种:一是由政府主导的大学生志愿服务,二是社会组织的大学生志愿服务。不同国家的政治和社会制度、文化传统、经济发展、宗教信仰等不同,因而各自的组织形式存在着差异。

国外除了由政府主导的大学生志愿服务外,社会组织发起的大学生志愿服务占了很大比例。国外大学生志愿服务虽然有政府的推动,但主要还是由社会组织发起的。因此,国外大学生志愿服务组织中,社会性质的组织占大多数。由大财团或者大企业家支持的志愿服务组织,已成为国外大学生参加志愿服务活动的重要平台。

我国大学生志愿服务形成了独具特色的组织形式。第一，政府主导，社会支持。我国政府部门发起了许多重大志愿服务活动，这些活动主要由招募的大学生提供服务，越来越得到社会的认可和支持。第二，党团推动，组织有力。大学生志愿服务通过高校团组织的层层动员和组织，有效避免了盲目性和随意性。[①]

3.正确把握保障措施的区别

（1）在法治保障方面

国外一些国家已颁布了志愿服务相关法律，为大学生志愿服务提供了明确的法律保障。如美国的《志愿服务法》《志愿者保护法》等，英国的《慈善法》和《济贫法》，加拿大的《志愿工作法》，菲律宾的《2007年志愿者法案》等。这些法律法规保障了志愿者的合法权益。我国于2017年8月由国务院颁布了《志愿服务条例》，2017年12月1日起施行。部分省（区、市）已根据本地区志愿服务发展的实际情况和需求，制定了地区性志愿服务法规，来保障志愿者的合法权益。

（2）在资金保障方面

部分国家已经建立了比较完备的多元资金筹集机制。这些国家的志愿服务活动资金，除政府拨款之外，企业的资金支持也是重要来源。例如在美国，志愿服务组织经费资金总量较大，来源渠道较多，除了政府拨款支持外，也有来自其他非政府组织的资金支持，还有一部分来自个人捐助或者遗赠，以及公司基金、科学文化福利基金等。这些基金中比较著名的有福特基金、洛克菲勒基金、卡内基基金、杜克基金等。[②]英国志愿服务组织的经费主要依靠政府拨款、个人捐赠、社会筹款、会员会费、基金会等。法国主要通过政府拨款为志愿服务提供资金支持和物质帮助。[③]

我国大学生志愿服务组织基本挂靠在高校团委，经费来源主要是“财政拨款+项目经费”。活动经费大多是高校共青团组织的预算，政府的资助比较有

① 高娱.大学生志愿服务的思想政治教育功能及其实现途径[D].西安：陕西师范大学，2012.
② 时小燕.我国志愿服务的现状及对策分析[D].南京：河海大学，2007.
③ 李勃.国内外青年志愿者工作机制比较研究[J].中国青年研究，2009(4)：70-71，74.

限,企业捐赠和赞助相对较少。我国的大学生志愿服务不太可能进行商业化运作,这就导致大学生志愿服务资金来源渠道相对比较狭窄,经费不足。近年来,我国政府越来越重视大学生志愿服务,如中央财政每年会给高校划拨一定的大学生志愿服务专项经费。2009年,还成立了中国志愿服务基金会,以项目资金的方式为大学生志愿服务提供大量经费支持。

(二)借鉴国外大学生志愿服务的经验

国外大学生志愿服务起步较早,现已逐步组织化、规范化、制度化,其运作机制和操作方法多式多样,取得了丰富的经验。为推动我国大学生志愿服务发展,有必要借鉴国外大学生志愿服务的积极做法。

1.借鉴完善全国性志愿服务立法的经验

志愿服务立法的意义在于,立法能够明确志愿服务的法律地位,从法律上对志愿服务组织进行规范和为其提供支持;能够明确志愿者的权利和义务,用法律手段来保障志愿者的合法权益。国外政府不断推进和完善志愿服务立法,特别是英美等国家经历了长期发展以后,已形成完善的志愿服务法律法规体系。这些法律法规指导和保障了大学生志愿服务事业的发展。英美等国家的志愿服务相关法律,明确对志愿服务的合法地位和权益做了规定。比如在经费保障方面,大学生志愿服务组织可以依照国家对于民间团体和志愿服务组织的规定来筹集资金。美国1988年联邦会议通过了一项决议,承认志愿服务经历可以当作工作经历,鼓励地方政府以及企业等招聘员工时,可以优先考虑曾参与过志愿服务的人。可见,国外通过立法来保障志愿服务组织及志愿者合法权益的做法是值得我们借鉴的。

2.借鉴社会企业广泛参与和大力支持的经验

部分国外大学生志愿服务除了受到政府的支持外,还得到了社会组织的参与和支持,其中又以社会企业最为突出。社会企业的广泛参与和大力支持,提高了大学生志愿服务的整体水平,扩大了大学生志愿服务的规模。国外企业在促进本国社会经济发展的同时，积极参与到大学生志愿服务事业中，以此来履行自身的社会职责。

企业对大学生志愿服务的参与和支持主要表现在：一是提供资金支持。国外许多企业会通过设立基金、捐赠和赞助等形式，为大学生志愿服务提供大量的资金支持，比较有名的基金有洛克菲勒基金会、杜克基金会、美国银行慈善基金会、福特基金会等。更多的企业则是通过捐赠和赞助的形式，为大学生志愿服务活动提供财力、物力和技术等方面的支持。二是提供其他资助。企业为不同领域、不同形式的大学生志愿服务提供了许多其他方面的资助。如有的企业为大学生志愿者提供各种各样的服务学习的机会、培训提高的机会等。有的企业为参加志愿服务的大学生志愿者或大学生志愿服务组织提供锻炼岗位，在招聘员工时优先考虑有志愿服务经历的毕业生等。

3. 借鉴开展大学生志愿服务教育和研究的经验

部分国外高校比较重视在大学生中开展志愿服务教育，引导更多大学生参与到志愿服务中。许多高校在招生录取前会考查学生在高中阶段参与志愿服务的具体情况，如果没有达到学校的要求，是不会录取的。高校大学生要申请奖学金，一定时数的志愿服务是硬性条件。

国外高校在对大学生开展志愿服务教育时，有的高校把大学生志愿服务教育课程化，有的高校开设志愿服务相关学科专业。有的高校把志愿服务课程作为必修课，有的高校则将其作为选修课，学分也是1~4分不等。除了课堂讲授外，学校还要求修读该课程的大学生在医院、社区或其他机构参与志愿服务实践，以理论学习和具体实践相结合的方式来完成课程。具体的志愿服务项目由大学生自行设计，在老师的指导下修改完善，由学校的志愿服务机构负责落实推动。大学生在完成确定的志愿服务项目任务后，撰写一份评估总结报告，递交给课程老师，由课程老师评阅审定。

部分国外高校比较注重开展大学生志愿服务研究，如韩国已有一些大学建立了志愿服务研究中心，开展志愿服务有关问题的研究。部分国外高校与各类企业或社区联合，为大学生提供志愿服务的岗位和机会。美国密歇根州立大学在学生入学时，就要求大学生在州立大学服务学习和公民参与中心网站上注册，这个网站会给大学生提供许多服务和学习的信息。同时，该学校与医院、非营利组织、企业等建立长期合作伙伴关系，为大学生参与志愿服务提供机会。

4.借鉴将大学生志愿服务与大学生能力培养相结合的经验

国外在设计大学生志愿服务活动项目和制订计划时，尤其注重将志愿服务与培养大学生能力结合起来，不断拓宽大学生参与志愿服务的渠道和平台。

国外设计并开展了多项提升大学生能力的志愿服务项目，这不但增强了志愿服务的吸引力，激发了广大大学生的参与热情和积极性，还拓展了大学生能力培养的途径和方法，提升了大学生的综合素质和能力。如在英国，由政府支持的志愿服务项目“千禧年志愿者”，主要面向18~24岁的英国青年。该项目的主要目的在于：为青年人提供接受挑战的机会；为个人发展提供新技巧和知识；加强青年人对社区的认识等。若参与这个项目的志愿者能够获得大学、社区和雇主的认可，对进入大学或者就业均有裨益。美国高校重视把志愿服务与大学生成长成才等联系起来，激励大学生积极参与志愿服务，以培养大学生的奉献意识、交流合作能力、社会适应能力、就业能力等。美国大学生充分利用各种资源，参与不同领域和形式的志愿服务，为需要帮助的人提供爱心帮助，丰富自身阅历，不断提升对社会的认知水平。日本同样重视志愿服务与大学生能力培养的有机结合。日本高校利用社会机构的力量，让大学生通过志愿服务走进社会，在社会服务中学习新的知识和技能，提升大学生对现实社会的适应能力。

总之，国外高校较为重视志愿服务与大学生能力培养的有机结合，通过志愿服务活动让大学生走出课堂、走出校园，在志愿服务中将书本上学习到的理论知识运用于社会实践，提升综合能力，将大学生培养成对国家、对社会有用的人才，这些都是值得借鉴学习的经验。

第八章　大学生志愿服务持续发展的策略思考

实践证明，我国大学生志愿服务在短短几十年的发展中，取得了显著成绩。大学生成长成才需要依托大学生志愿服务。因此，为了促进大学生志愿服务持续发展，政府、高校、社会以及大学生志愿者应该共同努力，解决大学生志愿服务发展中存在的各种问题，从深化社会认知、建设多元载体、完善保障条件和建立长效机制等入手，切实促进大学生志愿服务持续发展。

一、深化大学生志愿服务社会认知

大学生志愿服务是一项推动社会发展、促进现代文明的高尚事业。但目前，我国部分大学生和社会公众对志愿服务的认识和理解还有不到位的地方，这就导致大学生的参与度较低，也没有在大学生中形成积极参与志愿服务的良好氛围，这些都制约了大学生志愿服务健康持久发展。因此，必须深化大学生志愿服务的社会认知。

（一）普及志愿服务知识

知识是人们在社会实践中所获得的认识和经验的总和。志愿服务知识是人们在志愿服务实践中所获得的认识和经验的总和，包括志愿服务的发展历程、基本特征、基本理念等多方面的认识和经验。加强志愿服务知识普及,是推动大学生志愿服务持续发展的必要前提。高校一定要通过编写教材、加大宣传普及力度等,促使大学生全面系统地认识和了解志愿服务,引导他们产生深刻认知,充分激发他们的参与热情。

1.编写大学生志愿服务教材

理论源于实践,又高于实践。理论是对实践的超越,高校要在大学生志愿服务中强化理论意识。为大学生编写志愿服务教材,是目前解决大学生由于不了解而缺乏参与热情这一问题的最佳途径。

高校应通过编写大学生志愿服务教材的方式在大学生中普及志愿服务知识,如编写《大学生志愿服务普及读本》《志愿服务教程》等。在教材中,详细介绍志愿服务精神、理念、文化、发展历程、现状、特征,以及优秀志愿者和志愿服务组织等。将志愿服务基本理论知识传授给大学生,不但可以提升大学生的理论水平,而且能为大学生参与志愿服务实践提供理论指导;将大学生志愿服务基本经验、志愿服务项目的设计及运作方法、志愿服务活动的实施注意事项与技巧等知识写入教材,可为大学生提供成功的经验借鉴。大学生通过学习志愿服务教材内容,能明确认识和了解志愿服务基本知识,正确理解志愿服务精神的实质,从而积极投身志愿服务行列。

2.加大宣传普及力度

高校要强化大学生和社会公众对志愿服务的认识和理解,就必须充分利用现代科技手段和传媒技术,加大对志愿服务知识的宣传和普及力度。高校要充分借助媒体优势,利用互联网、报刊、广播等大众传媒平台和学术报告、宣传册、传单等形式开展广泛宣传,普及志愿服务知识,引导广大群众了解和尊重大学生志愿者以及大学生志愿服务工作,使越来越多的人认同并接受志愿服务,从而产生投身志愿服务的强烈愿望。

高校可通过举办大学生志愿服务知识竞赛、大学生志愿服务知识有奖问答等活动,促进大学生自觉学习并了解志愿服务基本知识;也可聘请资深专家,以专题讲座的形式讲解志愿服务知识；还可以邀请全国优秀大学生志愿者，以专题报告的形式，给大学生讲解自己对志愿服务的认识和理解，用自己的成长故事和亲身经历进行现身说法，加深大学生对志愿服务的认知，影响并带动他们参与志愿服务。

（二）树立志愿服务理念

理念是对事物的观点和信念，是对客观事物的本质反映，是事物内涵的外在表征。志愿服务理念是指志愿者从事志愿服务所持的基本观点，是志愿者从事志愿服务的出发点。[①]志愿服务理念将直接影响大学生志愿服务的效果。因此，应当引导大学生树立现代志愿服务理念。

1. 树立“志愿者既是奉献者又是受益者”的理念

国外大学生对志愿服务的认识比较全面，不但重视在志愿服务中为他人和社会奉献，同时还充分认识到志愿服务能提升自身的综合素质和能力。大学生志愿者既是奉献者，同时又是受益者。目前在我国，部分人认为志愿者就是无私奉献的人，过分强调志愿者的一味奉献。甚至少数人错误地认为，志愿服务就是丝毫不求回报地奉献。这种错误观点严重影响了大学生的参与积极性和热情，阻碍了志愿服务的发展。因此，要让大学生志愿者充分认识到自己在志愿服务中既是奉献者又是受益者。

对于大学生志愿者来说，参与志愿服务的过程，既是帮助他人、服务人民、奉献社会的过程，也是增长知识、提高素质、提升能力、完善自己的过程，还是精神需要获得满足、得到社会认可和实现自身价值的过程。从这种意义上来说，大学生志愿者也是受益者。大学生在志愿服务中奉献爱心、服务社会，充实自己、提升自己，这就是我们常说的助人自助、“赠人玫瑰，手有余香”。因此，要引导大学生树立助人自助的志愿服务理念，充分激发他们参与志愿服务的主动性和积极性。要不断拓展大学生志愿服务领域，为大学生搭建更多参加志愿服务的平台。通过志愿服务活动，让更多大学生志愿者以更大的热忱帮助他人和服务社会，让

---

① 佘双好.志愿服务概论[M].武汉：武汉大学出版社，2013.

他们的思想道德素质、专业实践能力等得到更大提升。这样不仅可以让大学生服务社会,提升自己,还能促使大学生志愿服务持续健康发展。

2.树立志愿服务"大众化"理念

所有大学生都理应成为大学生志愿服务的主体。参与志愿服务,不是学生党员、学生干部或优秀大学生的特权和义务,而是全体大学生都应该拥有的权利和承担的义务。这就需要大学生树立志愿服务"大众化"的理念。我国传统观念认为,社会慈善事业是少数有钱人或者贵族才能从事的公益事业,与普通老百姓毫无关系。受此观念影响,部分高校大学生给大学生志愿服务蒙上了神圣而崇高的面纱,因此许多普通同学就感觉参加志愿服务是学生党员、学生干部或优秀学生的事情,离自己很遥远,从没想过要参加。即便偶尔参加,也都是为了服从学校安排,完成学校交予的任务。

现代志愿服务理念倡导志愿服务必须大众化,要让大学生深刻认识到,志愿服务活动是一项需要全体大学生广泛参与的活动。大学生志愿服务主体要从"特别大学生"到"普通大学生",从"少数大学生"到"多数大学生"。一方面倡导更多大学生加入志愿服务中,另一方面将志愿服务的范围扩大到生活的多个领域。高校要充分认识到,志愿服务是大学生参与社会实践的平台,具有重要的实践育人功能,是大学生提高综合能力的渠道,是培育大学生社会主义核心价值观的载体,是大学生践行社会主义核心价值观的途径。因此,高校必须以志愿服务精神倡导大学生参与志愿服务,促进大学生志愿服务"大众化"。

3.树立"参与志愿服务是大学生应该履行的社会责任"的理念

志愿服务不仅是大学生奉献爱心的公益活动,也是大学生履行社会责任和义务的重要途径。目前,我国尚未形成参与志愿服务是大学生履行社会职责和义务的良好认知,这就导致一些大学生对志愿服务不热心、不参与、不支持。这就需要让大学生从社会责任的角度理解和认识志愿服务,树立"参与志愿服务是大学生应该履行的社会责任"的理念,让大学生知晓,参与志愿服务是他们应该履行的社会责任。

对于志愿服务，不仅要从志愿服务是帮助他人、服务社会的公益行为方面进行认识，更要从社会责任角度去认识和理解。参与志愿服务是公民履行社会义务、行使公民权利的重要活动，是大学生勇于担当社会职责的重要体现。唯有如此，方能激发大学生的主动性，把他们的服务热情调动起来。这样不仅能培养大学生的社会责任意识，还能更好地完成志愿服务活动，增强志愿服务实效。

4.加大志愿服务理念宣传普及力度

大学生志愿服务的发展在一定程度上受志愿服务理念的推广和普及程度影响。要充分利用现代媒体，对志愿服务理念进行大力推广和普及，扩大其社会影响力。要在人流量比较大的地方，播放大屏幕广告或者悬挂宣传横幅，通过电视台、广播电台、网站等播放大学生志愿服务的专题节目以及优秀大学生志愿者的先进事迹。通过方式多样的宣传和教育，在全社会范围内倡导和弘扬志愿服务理念，营造良好的志愿服务氛围。通过耳濡目染，让大学生逐步树立起现代志愿服务理念，并把这种理念转化为自觉的行动。

在校园内，可以通过各类报告会、图片展示、文艺演出等形式进行广泛宣传，形成理性共识与情感冲击的结合。尽量让每一名大学生志愿者都能成为现代志愿服务理念的倡导者、宣传者和传播者，不断影响并带动更多的青年大学生投身到志愿服务队伍中来。

（三）培养志愿服务意识

意识是人的大脑对于客观物质世界的反映，是感觉、思维等各种心理过程的总和。志愿服务意识是指人们对志愿服务的反映，是人们对志愿服务发自内心的愿望和渴望。要不断培养大学生的志愿服务意识，让更多大学生参与志愿服务，这样才能促进大学生志愿服务蓬勃发展。因此，要在教育“始于课堂，走出课堂，融入社会”理念指导下，努力通过课堂教学、课外活动、社会实践活动等，积极培养大学生的志愿服务意识。

1.依托课堂教学培养大学生的志愿服务意识

高校要进一步推动学校的教育教学改革,把大学生志愿服务教育及志愿服务意识培养纳入高校课堂教学中,加强大学生志愿服务意识的培养。高校要加强实践教学环节,为大学生参与志愿服务搭建更多平台。整合学校多方面的力量,为培养大学生的志愿服务意识提供智力支持和专业指导。开展大学生志愿服务教育,是大学生思想政治教育的组成部分,是增强大学生社会责任感的重要渠道,是培养大学生正确世界观、人生观、价值观的有效途径,是培养大学生团队协作精神和无私奉献精神的最好课堂,是实现知识与能力、做事与做人有机结合的重要渠道。

依托课堂开展志愿服务教育,可以让大学生接受比较系统的志愿服务理论知识灌输,相当于把社会教育融入课程中。高校还应将大学生的专业、教师的配备等因素综合起来考虑,这样才能切实加强大学生志愿服务意识的培养。

2.依托课外活动培养大学生的志愿服务意识

大学生志愿服务意识的培养,要以丰富多彩的课外活动为契机,做到以点带面。在大学生课外活动中,要大力倡导志愿服务精神、体验志愿服务文化。要以国际志愿者日、中国青年志愿者服务日等重大节日为契机,在校园举办"志愿服务文化节",开展志愿服务主题教育,并广泛动员和认真组织大学生积极参与。志愿服务文化节可通过论坛、辩论、演讲等形式进行志愿服务理论宣传,开展志愿服务实践交流。

高校还要积极组织开展以志愿服务为主题的文艺表演以及总结表彰等,推动志愿服务文化的传播。依托这些志愿服务主题教育,寓教于乐,能营造良好的校园志愿服务氛围,促进大学生志愿服务意识的培育。

3.依托社会实践培养大学生的志愿服务意识

培养大学生的志愿服务意识,要依托社会实践,增强大学生对志愿服务的认识和体验。大学生志愿服务组织要利用周末、寒暑假等课余时间,认真组织开展大学生志愿服务实践活动,如开展义务家教、关爱留守儿童、照顾空巢老人等。

在开展大学生志愿服务实践活动时，要充分考虑大学生的知识水平、特点特长等。吸引更多的大学生投身志愿服务事业中，努力在全社会营造良好的志愿服务氛围，使大学生潜移默化地受到教育和熏陶，增强大学生的志愿服务意识。

(四)弘扬志愿服务精神

志愿服务精神是志愿服务的价值支撑，在志愿服务构成要素中起着价值引领作用。志愿服务精神是自愿从事各种社会公共服务活动，对社会和他人乐于奉献的精神。[①]志愿服务精神是传统美德、时代精神、人类文明的完美结合，是促进志愿服务发展的动力源泉。志愿服务精神是志愿服务的灵魂所在，是激发大学生参与志愿服务的内在动力。因此，要通过教育活动、广泛宣传等方式，弘扬志愿服务精神，以此增强大学生对志愿服务的认识和理解，坚定大学生的志愿服务信念。

1.通过思想政治理论课弘扬志愿服务精神

思想政治理论课是大学生思想政治教育的主渠道之一，主要通过教学的方式，引导、帮助大学生坚定理想信念，树立正确的世界观、人生观和价值观。[②]《教育部关于深入推进学生志愿服务活动的意见》指出，要把志愿服务精神纳入思想政治理论课教育教学，在“思想道德修养与法律基础”课中适当讲授志愿服务相关内容。高校教师应积极响应号召，在大学生思想政治理论课课堂中讲授志愿服务精神，让大学生深入理解志愿服务精神的实质，并产生深深的认同感。

大学生志愿服务与思想政治理论课相结合，有利于大学生志愿者从理论到实践，再从实践中学习新的理论，有利于大力弘扬志愿服务精神。通过思想政治理论课，以优秀大学生志愿服务先进事迹为典型，讲解他们的先进事迹，赞扬他们的高尚情操和精神境界，以此来教育和引导大学生。用活生生的身边事例和榜样来感召鼓舞大学生参加志愿服务活动，不但充实了思想政治理论课的教育

① 佘双好.志愿服务概论[M].武汉:武汉大学出版社,2013.

② 黄蓉生，等.改革开放以来大学生思想政治教育论纲[M].北京:人民出版社,2014.

内容，还对志愿服务起到了很好的宣传推广作用。[1]比如，将北京奥运会、南京青年奥运会、北京冬奥会等志愿服务活动中的感人事迹引入思想政治教育课堂，用这些先进事迹教育、感染大学生，能引起他们的情感共鸣，促进他们深刻领悟志愿服务精神，引导更多大学生积极参与志愿服务活动。

2.通过现代传媒弘扬志愿服务精神

现代传媒是弘扬志愿服务精神的主渠道之一。从目前来看，我国志愿服务精神没有在大学生中得到大力弘扬，大学生参与度和社会认知度都还比较低，良好的大学生志愿服务社会氛围还未形成。因此，必须大力宣传志愿服务精神，并把它作为校园精神文明建设的重要工作来抓。

在大学生志愿服务精神宣传中，要不断丰富和创新宣传方式和手段，要充分利用各种传播媒体，如网站、校内广播、宣传栏、宣传海报，以及各种网络平台（如微博、抖音、B站等），大力宣传优秀大学生志愿者及优秀大学生志愿服务团体、组织的先进事迹，重点宣传他们无私奉献、助人为乐的高尚精神，特别是他们发自内心、感人肺腑的心得体会，发挥他们的榜样力量和示范作用。要把志愿服务精神的种子播撒在每位大学生的心中，使越来越多的大学生接受和认同志愿服务理念，自觉树立志愿服务意识，无怨无悔地加入志愿服务行列，以实际行动践行志愿服务精神。可以通过网络互动平台，如QQ、微信等，为大学生提供学习和交流的平台，加强志愿服务精神的隐性传播。在宣传志愿服务精神时，要注重与志愿服务实践相结合，要面向社会开展内容丰富、形式多样的大学生志愿服务活动，使社会全面认识和了解大学生志愿服务。通过广泛宣传和大力倡导，让志愿服务精神得到人们的理解和认可，进一步弘扬志愿服务精神。

二、建设大学生志愿服务多元载体

大学生志愿服务需要依托一定的载体才能不断发展。因此，要促进大学生

① 林竹.我国高校青年志愿者工作模式研究——以山东大学为例[D].济南：山东大学，2011.

志愿服务持续发展，就必须建设大学生志愿服务多元载体。具体来讲，需要结合课堂教育、拓展服务领域、依托党团组织、创建品牌项目、利用网络媒体等。

（一）结合课堂教育

加强大学生志愿服务载体建设，可以将志愿服务列入教学计划，纳入学分制管理中，结合课堂教育，实现课程化。将大学生志愿服务与其他专业课、就业指导课等有机结合起来，有助于促进我国大学生志愿服务发展的规范化和系统化。因此，结合课堂教育是建设大学生志愿服务多元载体的重要方面。

1. 实现志愿服务课程化

高校应将志愿服务作为大学生一项常规教育课程，纳入高校教育体系和课程计划，对大学生进行系统的志愿服务教育，充分调动他们的参与积极性。目前，国内部分高校已经开展了志愿服务课程化的实践探索。

例如，北京科技大学将大学生志愿服务与教学计划中的“公益劳动”相结合，把“大学生志愿服务”作为一门必修课纳入本科教学培养计划，“大学生志愿服务”课程取代了传统的“公益劳动”课程，并且要求大学生在进校后6个学期内完成共计36工时的志愿服务，未完成者不能进入毕业设计。自实行该教学计划以来，北京科技大学每年有5000余人参加“大学生志愿服务”课程学习。志愿服务课程化既是大学生素质教育和创新实践教育的有益探索，也推动了北京科技大学的大学生志愿服务走上了制度化、长效化发展的道路。山东大学将志愿服务纳入课程计划与学分管理，将“形势与政策”课程名称改为“形势政策与社会实践”，并将其作为一至三年级本科生的必修课程，共计3个学分。

部分高校在志愿服务课程化探索中取得了一定的成绩，其他高校可以借鉴这些高校的成功经验，在全国范围内推进大学生志愿服务课程化，推动大学生志愿服务持续深入发展。

2. 渗透其他专业课

在高等教育体制中，专业课占据了重要地位，专业学习是大学生在校期间最主要的内容。专业教育的过程是大学生学习专业知识、培养专业技能的过程，同时也是大学生思想品德形成和发展的过程。开展大学生志愿服务教育不能放弃和忽视这一重要领域，要把大学生志愿服务教育渗透到大学生专业课中，将大学生志愿服务教育与大学生专业教育有机结合起来。

在专业课课堂上，专业课教师在进行专业知识传授的同时，可以密切结合志愿服务相关知识进行讲授。在专业课实践中，专业课教师要注重将大学生的专业技能培养与志愿服务有机结合起来，把专业实习、教学实习等与志愿服务活动联系起来。把志愿服务渗透到大学生专业课中，对大学生开展志愿服务教育，促进大学生提高志愿服务能力，有助于推动大学生志愿服务发展。

3.结合就业指导课

国外一些高校将志愿服务与大学生就业相结合，以此推动大学生志愿服务发展。高校要充分认识到志愿服务能提高大学生的就业竞争力，要以志愿服务为实践手段，为大学生成长成才提供必要支持。[①]将大学生就业指导与志愿服务结合起来，有助于提升大学生的就业竞争力。通过参加志愿服务，大学生提前接触社会，心理上得到适应。在志愿服务中，大学生学以致用，巩固所学知识，提高实践能力，能更符合社会要求，在就业竞争中才能更胜一筹。

就业指导课教师要在就业指导课内容中渗透志愿服务内容，让大学生自觉把就业能力提高与参与志愿服务活动有机结合起来，并让大学生以志愿服务为平台，努力提高就业能力。就业指导课教师注重将大学生就业指导和实践与志愿服务结合起来，将大学生就业与志愿服务内容紧密结合起来，促进大学生志愿服务进企业等，这也是促进大学生参与大学生志愿服务的有效手段。

（二）拓展服务领域

目前，我国大学生志愿服务领域基本上局限于帮助弱势群体、环境保护、扶贫、社区服务等方面，相对来说比较狭窄。为了促进志愿服务发展，需要不断拓宽专业服务领域和国际服务领域，丰富服务内容。

① 廖爱军.大学生志愿服务的作用与志愿体系构建的思考[J].思想政治教育研究，2009(5):116-118.

1. 拓宽专业服务领域

专业服务领域将是大学生志愿服务未来发展的重点领域，该领域服务项目的知识、技能含量比较高。设计志愿服务项目时，充分结合大学生所学专业，最大限度发挥大学生的专业优势，不但能让大学生运用所学专业知识为他人和社会服务，还能明显增强志愿服务实效。随着社会的发展，也需要更多的大学生参与到专业性志愿服务领域开展专业性志愿服务。参加与自己所学专业相关的志愿服务，大学生能将所学专业理论知识与实践有机结合，提高自身的专业认知能力和专业技能。

高校志愿服务组织应密切结合大学生的专业、特长和社会实际需要，设计并开展更多的专业性志愿服务活动，如医疗服务、科技服务、心理咨询、法律咨询等。这样不但能提升大学生的专业素质和技能，还能增强大学生志愿服务的效果。总之，要不断拓展专业服务领域，提高专业技术含量，打造专业服务品牌，推动大学生志愿服务走上专业化发展道路。

2. 拓展国际服务领域

加强国际交流合作，拓展国际服务领域，是我国大学生志愿服务适应志愿服务全球化趋势的必然选择。部分国家的大学生志愿服务发展积累了一定的经验，我国大学生志愿服务通过与国际接轨，可以学习其他国家的先进经验。开拓大学生志愿服务国际领域，不仅有利于提升我们国家的国际形象，扩大我国大学生志愿服务的世界影响力，也有利于共享一些国际资源，争取更多的国际支持，促进我国大学生志愿服务事业的发展。北京2002年首次召开了“志愿服务国际会议”，共有170余名来自世界各国的代表参加了会议，这是我国志愿服务走向国际的主要标志。

各高校要大力支持大学生参与国际志愿服务，为开拓国际服务领域创造条件。高校要着力培养懂外语的高素质大学生志愿者，鼓励并支持他们参与国际服务项目，如文化教育、扶贫与发展等，加强志愿服务的国际合作。总之，不断拓展大学生志愿服务的国际领域，是我国大学生志愿服务国际化、全球化的必然选择。

(三)依托党团组织

大学生志愿服务是在学校党团组织的领导和指导下开展的,其活动的内容、方式等基本由高校的党团组织来把握和管理。因此,依托党团组织是建设大学生志愿服务多元载体的又一个重要方面。

1.加强党的领导

党组织在推动我国志愿服务事业发展中起着领导核心作用,这是我国与西方国家志愿服务的本质区别所在。党是领导我国现代化事业的核心力量,同样是领导大学生志愿服务的核心力量。因此,必须加强党对大学生志愿服务的领导,以保证其正确的发展方向。

(1)推进党建工作进大学生志愿服务组织

在大学生志愿服务组织中,要坚持以马克思主义理论为指导。设立党支部,建立健全党建工作制度,把大学生志愿服务组织党支部工作纳入党的基层组织建设管理体系中,进行严格规范管理。学校党委要在政策、资金等方面对志愿服务组织的党支部工作提供大力支持,要对其工作给予指导、检查和督促,及时纠正工作中出现的偏差,确保党建工作的健康运作。大学生志愿服务党组织的日常管理应坚持“齐抓共管,条块结合,分层领导,综合管理”的原则,推行学校党委宣传部、学生工作部、团委和指导老师“四位一体”管理模式。①

(2)发挥大学生志愿服务组织中党员的模范带头作用

大学生志愿服务组织中的党员要带头积极参加志愿服务活动,在推动大学生志愿服务发展中发挥先锋模范作用。党员要融入志愿服务组织群体,与成员保持紧密联系,注意了解组织成员,及时掌握每个成员的思想动态、心理状况等,注意将他们的思想、行为引导到有利于志愿服务活动开展的道路上来。党员要自觉参与大学生志愿服务组织的建设和管理,主动为大学生志愿服务谋发展,帮助解决各种困难,带头完成组织任务,在促进大学生志愿服务发展中充分发挥党员的先锋模范带头作用。

① 南麒.大学生志愿服务的思想政治教育功能研究[D].重庆:西南大学,2011.

2.发挥团组织的作用

大学生志愿服务是在各级团组织的具体指导下开展的,因而要切实发挥团组织的作用。

(1)做好大学生志愿服务的顶层设计

团组织要高度重视大学生志愿服务的顶层设计,要着眼社会和大学生的需求进行项目设计,要最大限度地发挥大学生志愿者的特长和能力。团组织要结合社会需求,通过精心组织和成熟运作,用优质的服务项目赢得更加广泛的社会认同,增加社会的关注度,产生良好的社会影响,使大学生志愿服务焕发出新的生机与活力。远离大学生实际的志愿服务项目不会对大学生产生吸引力,只会降低大学生的参与积极性。因此,团组织要高度重视服务项目的策划和组织,科学分析社会需求和大学生志愿者实际,科学规划服务内容、设计服务项目和评估服务效果,确保志愿服务工作得到大学生的认同和社会的认可。

(2)选优配齐指导教师

许多高校大学生志愿服务组织的指导教师多由团委有相关经历或经验的教师担任。团组织要按照一个大学生志愿服务组织必须配备一名指导教师的原则,为大学生志愿服务组织配齐指导教师,对大学生志愿服务活动的开展进行指导。团组织要根据实际情况,设定指导教师对大学生志愿服务指导时间的量化标准。团组织应要求指导教师根据党中央和共青团中央的相关政策和精神,结合学校校园文化建设实际,将服务内容与学生能力培养、专业知识学习等结合起来,指导设计出符合本校大学生的志愿服务项目,并切实组织开展好大学生志愿服务活动。团组织要加强对指导教师的考核和管理,明确指导教师的职责范围、权利、义务,将考核情况与指导教师的绩效挂钩。

(3)培养培训学生管理干部

学生管理干部是大学生志愿服务组织管理中的重要力量,高校团委要将志愿服务组织的管理干部的培养培训纳入学校团学干部培养的总体规划中,统筹考虑。学生管理干部既可以在团委的组织下，通过志愿者大会选举产生，也可以由团组织推荐的方式产生。要将大学生志愿服务组织管理干部，纳入团组织团学干部培养之列。通过理论教育和实践锻炼，采取集中培训与日常指导相结合的方法，对学生管理干部进行培训锻炼，不断提升大学生志愿服务组织中学生管理干部的能力和素质，以更好地协助指导教师加强组织管理工作。

(4)建好服务型学生社团

《国家中长期教育改革和发展规划纲要(2010—2020年)》要求加强学生社团组织指导，鼓励学生积极参与志愿服务和公益事业。高校学生社团是丰富大学生课余文化生活、开展社会实践活动的重要阵地。它延伸了思想政治教育工作手臂，为广大学生成才需求服务。[①]服务型学生社团是高校组织开展志愿服务活动的重要载体。高校团委要立足本校实际，加快成立各种服务型学生社团，科学引导它们的建设、发展，为大学生参与志愿服务提供更多更好的平台。

高校团委要帮助各服务型学生社团形成自己的特色，鼓励它们开展富有实效和新意的服务活动，充分发挥它们的主体作用。如成立环保社团，通过宣传环保理念、倡导环保行为，推动全社会共同关注环保问题，共建美丽中国。成立科技服务社团，组织大学生利用寒暑假开展志愿者送科技下乡服务，为群众送去科学技术。众多学生社团的特色服务间互相补充和促进，能很好地推动大学生志愿服务项目的创新。团委要把握服务型学生社团的总体发展方向，并给予科学指导，帮助它们解决发展中遇到的困难，促进其与大学生志愿服务组织及其他社团间的交流合作。

(四)创建品牌项目

创建品牌项目，发挥品牌效应，能助推大学生志愿服务深入发展。有了品牌项目，能让更多人认识和了解大学生志愿服务，吸引更多的大学生投身志愿服务。志愿服务品牌的知名度越高，其产生的社会效应就越大。因此，创建越来越多的大学生志愿服务品牌项目，是建设大学生志愿服务多元载体的重要内容之一。

---

① 黄蓉生，等.改革开放以来大学生思想政治教育论纲[M].北京：人民出版社，2014.

1.做大做强“老品牌”

不断加强品牌项目建设,能够推动大学生志愿服务持续健康地向前发展。品牌项目建设并非一蹴而就,需要在志愿服务工作中一直贯穿品牌意识,注重已有品牌项目的建设,做大做强“老品牌”。近年来,随着大学生志愿服务的发展,已形成了一些品牌化的优势项目。如以高校大学生为主体的“中国青年志愿者行动”已形成品牌,还有大学生志愿服务西部计划、研究生支教团、保护母亲河“中国青年志愿者绿色行动营计划”、共青团关爱农民工子女志愿服务行动等项目都已形成品牌,赢得了社会的广泛认可。

要用经营的理念来打造品牌项目,要把那些参与面广、具有较大发展潜力、社会认可度高的服务项目做大做强,将其打造成具有强大社会影响力的品牌项目。当然,在做大做强已有品牌项目的时候,要注重打造的层次性和整体性。在众多的大学生志愿服务项目中突出重点,抓住一些标志性的重大品牌,并将其打造成重点品牌和特色品牌。项目的品牌效应越大,就能获得更多社会资金、场地等方面的支持,更好地推动大学生志愿服务发展。

2.创新创造“新品牌”

不断创新服务项目,是志愿服务组织适应现代社会发展的必由之路。要在创新理念的指引下,逐步开创一些能带动整体发展和产生良好社会效益的新品牌项目,以吸引更多大学生参与进来,并不断开拓其社会服务面和覆盖面。在创造新品牌项目时,要从解决社会需求和高校实际出发,在日常运作中不断发掘新的服务领域和服务需求,结合高校和志愿服务组织优势,开创新的志愿服务项目,将其打造成可持续运作的品牌项目。

高校大学生志愿服务组织要注重发挥学校办学特色和专业优势,精心打造出属于自己的服务品牌。例如,农业类院校努力打造科技支农服务品牌,法律类院校尽力打造法律咨询和法律援助服务品牌,医学类院校致力打造医疗卫生服务品牌等。在创新创造品牌项目时,高校大学生志愿服务组织还应将大学生志愿服务与大学生课外科技活动和创新创业紧密结合起来。从长期性、战略性角度出发，着力设计事业性的服务项目，精心制订长期性的发展规划，积极开展广泛性的服务活动，努力增强志愿服务组织的吸引力和凝聚力，不断创造新的品牌项目。

（五）利用网络媒体

网络媒体是进行志愿服务理念传播和志愿服务精神弘扬的主要渠道。要充分利用报纸、杂志等印刷媒介，以及电视、广播、网络等电子媒介，在社会上营造浓厚的志愿服务氛围，扩大大学生志愿服务影响力。

1.建设网站

通过建设并利用大学生志愿服务网站，大力宣传志愿服务，能吸引更多的大学生关注并参与志愿服务，推动志愿服务长效发展。在网站上，可发布志愿服务相关信息，如志愿者招募信息、志愿服务活动开展的具体信息等，还可对大学生进行网络动员，吸引大学生积极参加志愿服务活动，并通过网络新闻的方式，发布大学生志愿服务组织近期所开展的活动和取得的成绩，以及宣传表现突出的志愿者及志愿服务团队的优秀事迹，通过榜样的力量，感染并带动更多的大学生参加志愿服务，推动志愿服务活动的持续开展。还可以通过网络让大学生志愿者将自己在志愿服务过程中的感受表述出来，并连同活动精彩照片一起上传到网站上，这些鲜活生动的事例，可感染大学生，引起他们的情感共鸣。网站上所发布的志愿服务信息，一般都比较直观，特别适合大学生全面、深入地了解相关信息，有利于大学生志愿服务的推广。

2.建立网络管理系统

建立大学生志愿服务网络管理系统，能够通过网络有效管理大学生志愿服务。通过网络管理系统，可对大学生志愿服务组织、大学生志愿者的相关信息进行登记、整理、汇总等，还能及时进行修正和完善；通过网络对申请成立的大学生志愿服务组织及开展的志愿服务活动进行审核、批准；对申请加入志愿服务组织及参加志愿服务活动的个人进行资格审查和批准；详细记录大学生参与志愿服务活动的情况，包括参加时间、次数等；对大学生志愿服务活动的结果进行评价，对大学生志愿者的服务效果进行考核。

要建立和完善大学生志愿服务网络管理体系，搭建更多的公共服务和信息交流平台，探索网络化管理新机制。开通志愿者网上报名系统，通过网络进行志愿者招募，并及时更新各项志愿服务活动进展。建立大学生志愿服务网络管理系统，能减少大学生志愿服务组织的工作量，增强管理效果。

3.建立宣传阵地

通过建立宣传阵地，能更好地普及和推广大学生志愿服务。因此，要充分利用校园和校外两大媒体。在校园内，要以重大节日为契机，利用校园广播、电视台、宣传栏等，扩大志愿服务知识、理念的宣传范围，加大志愿服务优秀事迹的宣传力度，营造良好的志愿服务氛围。通过校园宣传，鼓励并引导大学生参加志愿服务活动，有利于壮大志愿者队伍和促进志愿服务的持续发展。在校园外，要充分利用电视、广播、报刊等媒介，以及其他社会资源进行志愿服务宣传。例如，在电视台或电台的黄金时段，插播志愿服务活动相关宣传片、宣传口号等；在报刊上设立专题或专栏报道大学生志愿服务者的无私奉献行为和爱国情怀。在汽车站、火车站、机场、地铁等人流量较大的地方，张贴志愿服务的宣传海报，设立志愿服务资料发放处。

此外，还可把大学生志愿服务组织的官方微博建设成为宣传阵地。利用微博，可以实时发布招募通知，扩宽动员渠道，建立志愿者档案平台，记录活动开展过程，形成丰富的志愿服务材料。通过微博，可对大学生进行志愿服务渗透。例如，通过微博开展“优秀大学生志愿者”评选活动，在参与投票过程中，大学生接触到优秀志愿者的先进事迹，必将受到熏陶和感染，萌发参加志愿服务的念头。宣传力度的加大，必定能推动大学生志愿服务事业更好地发展。

4.开展网络志愿服务

网络志愿服务是网络时代的重要产物。网络志愿者是指通过网络形式为他人提供无偿服务的志愿者。网络志愿服务的优势，主要在于借助方便快捷的网络空间和技术开展志愿服务活动，这就使得志愿服务的项目更加多元化、形式更加灵活化、参与者更加广泛化。在国外,网络志愿服务兴起于20世纪90年代中期,1999年时就有了较为系统的网络志愿服务组织。服务内容主要包括心理咨询、写作交流、公共管理等方面。网络志愿服务正日益成为大学生追求的公益理念。

目前,我国部分地区已开始推进志愿服务网络化,有的地区已开展了网络志愿服务,但大部分地区采用较多的形式是通过网络平台组织开展传统志愿服务活动。大学生志愿服务组织可根据自己的实际情况招募网络志愿者,切实有效地开展网络志愿服务。

三、完善大学生志愿服务保障条件

大学生志愿服务发展需要良好的保障条件,包括政策保障、基地保障、资金保障、队伍保障、权益保障等方面,其中,政策是先导,基地是基础,资金是关键,队伍是核心,权益是条件。完善各项保障,对推动大学生志愿服务健康发展具有重要意义。

(一)完善政策保障

政策是国家或政党为实现一定历史时期的路线而制定的行动准则。志愿服务政策是促进大学生志愿服务发展的先导。只有在政策的保障支持下,大学生志愿服务活动才能长效有序地进行。因此,必须制定和完善关于志愿服务的政策,保障大学生志愿服务持续发展。

1.来自政府的政策

2008年奥运会以来,社会对大学生志愿服务有了更全面深入的了解。政府的政策支持,对促进大学生志愿服务长效开展具有重大意义。如果没有政府政策的支持,我国的大学生志愿服务便很难持续发展。因此,政府应强化对大学生志愿服务政策等方面的支持。

政府可以通过制定相关政策鼓舞全社会共同关注和支持大学生志愿服务。政府可以完善相关的鼓励性政策，如以税收减免政策来鼓励企业或个人的捐赠积极性，通过这些政策的鼓励和帮扶，保证大学生志愿服务的长足发展。政府可以出台相关政策，加大对大学生志愿者的优惠政策支持力度，并且提供相应的服务保障，让越来越多的大学生投入志愿服务事业中。政府可以为大学生志愿者提供优厚的福利政策，如，考研时享受优先录取，公务员考试时获得适当加分，应聘工作岗位时优先录用等。政府还应出台奖励政策，如根据大学生志愿者的服务时间和业绩，授予其全国性的奖章等。通过完善这些相关政策，来扶持和保证大学生志愿服务长期发展。

2. 来自高校的政策

国家对大学生志愿服务的政策支持正在不断加强，各地高校也应结合自身实际，在国家方针政策的指导下，积极出台相应的支持政策。教育主管部门可以将参加志愿服务作为大学生在校期间的必修课，明确规定必须完成的志愿服务活动次数或者时间，并将其作为大学生顺利毕业的必需条件。

高校可以出台一系列相应政策，使志愿服务与大学生成长、就业等方面挂钩。在评优、评奖和推优入党时，将大学生的志愿服务经历作为考核内容，并优先考虑参与过志愿服务的大学生。为在志愿服务中表现突出的大学生设立专项奖学金或奖项，为参加志愿服务并达到一定服务时间和次数的大学生志愿者计算学分等。高校应在政策方面就大学生参加志愿服务做出更为明确的要求和规定，可以将志愿服务纳入大学生人才培养计划，并辅以相应学分。通过学分鼓励，促使更多的大学生参与到志愿服务活动中。

（二）完善基地保障

志愿服务基地，是组织大学生长期开展志愿服务活动的重要阵地和稳定依托，具有教育和示范的作用。目前部分高校已经建起了志愿服务基地，深入推动了大学生志愿服务活动的开展，但仍需进一步完善。各高校大学生志愿服务组织应该建立长期合作的基地，推进大学生志愿服务活动持续健康地开展。

1.建好已有基地

目前，全国范围内已建立起许多诸如关爱农民工及其子女、农民工法律援助、关爱未成年人、关爱空巢老人、关爱残疾人、社区服务等志愿服务基地。建好已有基地，可以进一步规范服务内容，也便于大学生能更灵活地安排服务时间，并尽可能减少与课程学习之间的时间冲突。建好已有基地，可以让大学生志愿者产生归属感，参加志愿服务活动时就不再缩手缩脚。更重要的是，建好的基地能对周围的社区居民以及学校的其他大学生产生良好的影响。因此，高校应加强在已有基地建设中的参与力度，并加强规划，突出重点，提高质量，与基地建立长期合作关系，共同探讨志愿服务活动深层开展对策，一起探索促进志愿服务长期稳定发展的道路。

加强已有基地建设，可以促进大学生志愿服务活动的进一步开展。加强校外已有基地建设，增强大学生与社会的广泛联系，让大学生有更多机会参与社会生活，提高大学生的社会适应能力。通过校外已有基地的建设，有效促进大学生与社会组织或者个人之间的联系，帮助大学生走向社会、接触社会，实现社会化。以已有基地建设为支撑，积极为大学生志愿服务争取社会多方面的支持，促进大学生志愿服务持续发展。

2.建设新的基地

为了保证志愿服务活动的长效开展，除了建好已有基地之外，还必须建立一批又一批新基地。建立校内外志愿服务新基地，可以避免志愿服务活动的淡化和萎缩现象。建立新基地，能够创新服务的内容和形式。不断建立新基地，可以综合利用基地优势和资源，长期开展一些相对稳定、针对性强的志愿服务活动，可以为更多的大学生志愿者提供固定服务阵地。这样才能为大学生志愿者提供更多走进社会的机会，并借助这些社会力量开展服务活动，更好地满足社会需要，促进大学生发展。因此，高校大学生志愿服务组织应当本着长期合作、优势互补、因地制宜的原则，在“服务社会、锻炼学生”的双赢原则的指导下，以校地合作模式，建立长期合作的新基地。

高校要结合自己的办学特色和专业背景，与社会企业等合作建立志愿服务新基地，为大学生搭建更多发挥专业技能的平台，要把志愿服务基地真正建设成大学生走出校门、融入社会的实践平台和展示大学生风采的窗口。高校要本着“合作共建、双方受益”原则，主动与城市社区、农村乡镇、公益机构等建立长期合作关系。高校要从地方发展的实际需要以及大学生成长的现实需求出发，通过挂牌、签订协议、授旗等形式，建立志愿服务新基地。通过建立新基地和创新基地运行机制，可以提高大学生志愿服务的社会影响力，联合社会多方面力量形成巨大合力，推进大学生志愿服务长足发展。

（三）完善资金保障

开展大学生志愿服务活动需要一定的资金支持。但目前，我国多数大学生志愿服务组织并无固定的资金来源，再加上资金来源渠道狭窄、资金筹集和财务管理能力有限，以及大学生志愿者本身是消费群体，这些就使得大学生志愿服务越发需要资金保障。因此，政府、社会和学校都应该提供更多的资金，保证大学生志愿服务持续开展。

1.政府要加大财政投入

政府应该加大财政投入力度支持大学生志愿服务，这是目前解决大学生志愿服务资金短缺问题最直接最有效的途径。政府可以将大学生志愿服务纳入社会保障体系，设立专项储备基金，进行专项财政预算。政府可以通过财政专项拨款、成立专项基金、提供项目经费等方式提供资金支持；按财政预算的方式为高校下拨一定的大学生志愿服务专项基金，并且实行严格的项目资金管理制度，保证专款专用。项目资金支持是最有效的资金筹集方式，项目资金是专款专用，是由大学生志愿服务组织提出具体服务项目，再经政府主管部门评估确认后，给予专项资金资助。大学生志愿服务组织必须具有设计和开展专项服务活动的能力，科学设计符合政府工作重点或政府感兴趣有愿望的志愿服务项目，以期获得政府的项目资金资助。政府还要根据服务项目的规模和层次，科学投入相应经费，保证服务项目的顺利进行。

2.社会要加大资金支持

社会各界的资金支持,也是大学生志愿服务资金的重要来源。目前,我国大学生志愿服务还没有得到社会的广泛认可和支持,社会各界的资金支持也还比较少。因此,高校应该争取企事业单位的资金支持、个人捐赠支持、基金会支持及外资援助等。企事业单位的捐助能为大学生志愿服务提供坚实的资金保障,企事业单位提供的服务实践岗位能够开拓大学生志愿服务的领域。高校应主动与一些重视志愿服务事业的企业合作,共同开展大学生志愿服务,实现社会效益的最大化。高校应该主动联系企事业单位,以志愿服务活动冠名、合作推广项目、企业产品义卖等形式,争取获得企事业的资金支持,共同推动大学生志愿服务活动的开展。高校要通过广泛动员,吸引社会各界人士为大学生志愿服务捐款、捐物。大学生志愿服务组织要根据基金会的资助领域来设计和开展活动,争取获得基金会的资金支持。大学生志愿服务组织要加强国际交流合作,争取国外慈善机构、基金会等的外资援助支持。

3.学校要增加经费预算

充足的资金是确保大学生志愿服务活动顺利开展的必要保障,没有充足稳定的资金支持,大学生志愿服务很难健康持续发展。我国大学生志愿服务组织多数直接挂靠在学校团委,筹集资金的能力和机会有限,活动资金很大一部分来自学校。目前,学校对大学生志愿服务的资金支持略显薄弱。如果学校增加经费预算,可以在很大程度上帮助大学生志愿服务组织突破资金短缺的“瓶颈”,为大学生志愿服务持续发展保驾护航。学校应在预算上划拨专款,从资金上支持和保障志愿服务活动顺利开展。此外,学校还要努力争取政府的财政支持、社会企事业单位及爱心人士的捐赠支持等,争取更多配套资金,建立专项基金,保障大学生志愿服务事业持续发展。

(四)完善队伍保障

加强大学生志愿服务队伍建设,完善队伍保障,既能发挥志愿服务组织的示范作用,也能推动大学生志愿服务向专业化、科学化的方向发展。

1.加强大学生志愿者队伍建设

高素质的大学生志愿者队伍，是保证大学生志愿服务效果的重要因素。建设一支数量庞大、结构合理、覆盖面广、服务能力强的全员化、日常化大学生志愿者队伍，直接关系到大学生志愿服务组织的发展前景。

（1）加强思想道德教育

大学生志愿服务事业在不断发展壮大的同时，也暴露出了些许问题和不足。这些问题和不足给大学生志愿服务组织发展造成了阻碍，影响了志愿者及志愿服务组织间的团结，给志愿服务组织带来不良的社会影响。因此，大学生志愿服务组织应适时适当开展思想道德教育，提高志愿者的思想道德素质。思想道德素质包含了思想素质、道德素质，是大学生思想水平和道德水平的反映。要加强大学生理想信念教育、爱国主义教育以及世界观、人生观、价值观教育，提高大学生思想水平。要加强大学生道德认知、道德情感、道德意志和道德行为等方面的教育，提升大学生的道德水平。

（2）加强技能培训

按照是否与专业相关，大学生志愿服务可分为专业化服务和非专业化服务。专业化服务是指那些具有专业知识技能或者获得某种专业资格人士所提供的服务，如义诊、心理咨询、法律援助、支教等；非专业化服务指的是那些专业技术含量比较低的一般性志愿服务活动，如大型活动中的后勤服务等。[①]因此，在大学生志愿者培训中，要加强技能培训。技能培训能够提高志愿者的服务能力和水平，为志愿者参加志愿服务工作做好充分准备，增强大学生志愿服务的效果。

在技能培训中，一定要制订明确的培训计划和完善的培训内容。在培训方式上，要将岗前培训、岗位培训以及应急培训相结合。要根据志愿服务活动的形式和性质，制订符合活动要求的培训计划，采取灵活多样的培训方式，对大学生志愿者开展技能培训。要根据大学生志愿者不同的特点与需要，制订出可供他们选择的“菜单式”训练内容。此外，大学生志愿者技能培训还要密切结合大学

① 张科，彭巧胤.高校青年志愿服务专业化研究[J].中国青年研究，2010(2)：43-46.

生志愿者所学专业，加强专业技能培训，提升专业技术水平，为更好地进行专业化服务奠定基础。

(3)提高服务能力

志愿者的服务能力是圆满完成服务任务的重要保证。提高服务能力，主要需要提高大学生志愿者的组织能力、沟通能力、承受能力等。在志愿服务过程中，大学生志愿者要与社会、他人接触，这就需要大学生志愿者具有较强的组织能力，能够掌握大局，协调好与组织内其他志愿者、服务对象等之间的关系，保证志愿服务有序进行。沟通是联系志愿者与服务对象间的桥梁和纽带，因此，对于大学生志愿者来说，沟通能力显得尤为重要。志愿服务对象有的时候是需要帮扶的社会弱势群体，对于他们而言，不仅需要得到别人的帮助，更需要得到理解与关爱。这就需要大学生志愿者有出色的沟通技能，使自己在服务的过程中获得他人的理解和支持，顺利达到志愿服务目标。提高大学生志愿者的沟通能力，最为重要的是应加强同服务对象间的沟通交流，要站在他们的立场和角度去思考问题，尽可能地为他们着想，考虑他们的感受，维护他们的利益，这样才能与服务对象融洽相处。在志愿服务中，大学生志愿者承受着一定的身心压力，如在提供临终关怀志愿服务中，面对服务对象的去世，有的大学生志愿者会留下心理阴影；提供艾滋病孤儿救助、监狱教育等志愿服务中，大学生志愿者可能会产生巨大焦虑。此外，工作强度大，以及社会的认可度不够等，都会使大学生志愿者的身心承受压力。所以，大学生志愿者一定要有心理承受能力，学会自我调节，提高意志力，这样才能以健康的心态参与志愿服务。

2. 加强大学生志愿者骨干队伍建设

大学生志愿服务组织中的骨干力量具有较强的工作能力和号召力，是组织规范管理和健康发展的基础。因此，不断完善大学生志愿服务队伍保障，要注重培养一批干劲足、热情高的志愿者骨干，增强组织的凝聚力和战斗力。

(1)认真做好骨干的选拔

志愿者骨干是大学生志愿服务的核心人物，他们利用自己较强的组织能力和号召力，与大学生志愿者保持着较近的心理与空间距离，发挥着自己最大限度的凝聚作用。大学生志愿服务组织要认真观察、挖掘和培养具备较强亲和力、理解力、决策力、执行力以及强烈责任心等特质的大学生志愿者骨干，充分发挥骨干的号召和引领作用。大学生志愿者骨干的培养需要一个循序渐进的过程，既可以从现有学生干部中选拔培养，也可以从大学生志愿服务活动中发现人才，培养一批热心于志愿服务事业的骨干。

（2）不断加大骨干的培养力度

在志愿者骨干培养中，要重点加强组织领导能力的培养。通过开展系统的大学生志愿者骨干培训，帮助他们提高组织、领导能力和水平。通过建立多样化的服务小组，为骨干提供独立负责服务项目的机会，使他们在实践中不断锻炼成长。为大学生志愿者骨干拓展更大的发展空间，鼓励他们尝试多种角色，使他们具备较为全面的活动组织能力。同时，还应该严格要求、管理和监督骨干，不断提升他们的综合素质，升华他们的精神境界，以此推动志愿服务发展。

3.加强大学生志愿服务管理者队伍建设

只有建立一支规范化的大学生志愿服务组织管理队伍，才能产生强大的感召力和凝聚力，促进大学生志愿服务健康发展。因此，要不断加强指导教师管理者队伍和学生管理者队伍建设。

（1）加强指导教师管理者队伍建设

对于大学生志愿服务而言，指导教师是最重要的指导和管理力量，而高校大学生志愿服务组织指导教师多为高校党团组织的教师，大多没有经过专业的系统的志愿服务知识培训，这就需要高度重视和加强大学生志愿服务组织指导教师队伍的建设。高校要加强指导教师能力建设，指导教师要提升自身的指导能力。作为大学生志愿服务组织的领导者，指导教师应该提高自身的专业素养，不断积累管理经验，重视对志愿者的教育和引导，激发他们的主动性和创造性。指导教师要总结工作经验，更新管理理念，提高工作技能，不断提升自己的专业指导能力，推动志愿服务组织健康发展。

高校要建立指导教师的激励机制，许以宽松的工作环境和相应的鼓励政策，把指导教师的工作纳入其工作量的核算；结合组织活动效果，对指导教师进行评定，给予一定的物质和精神鼓励。高校要对指导教师进行与时俱进的培训，使他们掌握更多志愿服务相关规章制度，更深入地理解志愿服务理念，更全面地开展志愿服务活动。

(2)加强学生管理者队伍建设

在选择和培养学生管理干部上，要把那些思想觉悟高，真正乐于帮助他人、奉献社会，富有创新意识和能力的志愿者选拔进管理者队伍中，组成强有力的管理团队，组织开展形式多样、质量上乘的志愿服务活动。要加强对大学生志愿服务组织中学生后备管理者的培训，提高他们的领导能力、管理能力，培养他们的创新意识。

学生管理干部除了要继承发展传统大学生志愿服务项目以外，还要根据现实情况的变化积极发掘新的大学生志愿服务项目。要培养学生管理干部把握全局、调动全员、促成实效的志愿服务工作能力，努力协调好组织与志愿者之间、组织与社会之间的关系，促进志愿服务活动健康开展。

(五)完善权益保障

目前，大学生志愿者在服务过程中合法权益未能得到保障的问题日益凸显。要保持大学生志愿者的服务热情，进而促进志愿服务持续开展，政府、社会、学校应该高度重视大学生志愿者合法权益，完善权益保障条件。

1.完善法律权益保障

目前，我国还没有专门制定适合大学生志愿服务的法律。因此，必须加快大学生志愿服务的全国性立法，从法律角度为大学生志愿服务提供保障。立法部门要尽快启动大学生志愿服务全国立法工作，并在借鉴国外立法和国内政策法规的基础上，为大学生志愿服务建立科学完善的法律体系，明确大学生志愿服务组织的法律地位、责任主体、组织架构、资金保障、运行方式等内容，以法律的形式明确大学生志愿者的权利、义务、服务内容等，真正实现大学生志愿服务有法可依，使大学生志愿服务走上法治化发展轨道。

2. 完善物质权益保障

完善物质权益保障，就要为志愿者提供必要的经济补贴，如生活补贴、交通补贴以及购买保险等，保障志愿服务中大学生志愿者的基本生活等。

（1）加强后勤保障

大学生志愿者在服务过程中的基本生活是否得到切实保障，事关他们的生存问题。因此，必须加强后勤保障，解决大学生志愿者在服务过程中的交通、用餐等问题。大学生志愿者在日常服务中，不可避免地会产生一些基本的餐费、交通费等，这些费用对于毫无经济收入的大学生志愿者来说，必将给他们的生活带来困扰。所以，应该给予大学生餐费补贴、交通补贴等，以保障他们服务期间的基本生活。随着社会对志愿服务需要的增多，服务成本也随之增加，服务过程中产生的材料费等费用，不能让大学生志愿者承担。当志愿者在服务期间遇到困难时，应得到一定的物质补偿，不应该借由志愿服务的无偿性而忽视了志愿者合法的物质权益。在部分国家，人们认为志愿者可以要求或接受服务对象为其提供的基本食宿和生活费用，也可以接受来自慈善机构和受惠对象的资助。[①]欧洲青年志愿服务组织就此有相关规定：志愿者可以得到食物、住宿以及他们基本花销的报销和资助，包括旅行、保险和培训费用。[②]加强大学生志愿服务的后勤保障，为大学生志愿者提供基本的费用补贴，可以让他们以轻松的心情参与志愿服务活动，并保持长期从事志愿服务的热情。

（2）健全保险制度

在志愿服务过程中，尤其是在一些救灾或者专业性志愿服务中，大学生志愿者的食品卫生、医疗救护等问题需要特别关注，相关组织需要为他们提供保险保障。要不断建立健全大学生的保险制度，改善服务过程中大学生志愿者的个人意外伤害保险、团体意外伤害保险、工伤保险等一系列保险模式的不合理之处，为大学生志愿者提供健全完善的保险保障。同时，要探索形成为大学生志愿者专门设置的安全保险项目，建立保险基金，把大学生志愿服务纳入社会保障体系

① 黄志坚，张丽霞．中外青年志愿服务活动比较[J]．青年探索，2000(3)：17-20.

② 丁元竹，江汛清．志愿活动研究：类型、评价与管理[M]．天津：天津人民出版社，2001.

中，为大学生志愿者购买临时或短期安全保险。应该为参与志愿服务频率较高的大学生志愿者配备一些常用药品、医疗器械等应对服务过程中出现的突发疾病，购买一定的人身保险应对身体伤害。在大型活动服务中，可通过与保险公司合作，签订保险协议，为大学生志愿者提供保险保障。

四、建立大学生志愿服务长效机制

机制是指一个工作系统的组织或者部分之间相互作用的过程和方式。志愿服务机制，是指能够保持志愿服务各环节顺利运作，并发挥内在价值的规律及有效的制度体系。[①]由此，大学生志愿服务长效机制，则是指能够保持大学生志愿服务各个环节顺利运行，并发挥大学生志愿服务内在价值，促使大学生志愿服务获得长期健康发展的有效制度体系。为了促进大学生志愿服务常态化和长效化，必须建立健全大学生志愿服务长效机制，即建立健全招募培训、认证评价、服务激励、组织管理、运行监督等机制。

（一）建立健全招募培训机制

招募和培训，是大学生志愿服务顺利开展的必要环节。所以，必须建立健全大学生志愿者的招募、培训机制。

1.建立健全志愿者招募机制

志愿者招募机制是根据招募计划和要求，对大学生志愿者进行资格审核和选拔，是开展志愿服务活动的前提和基础性工作。建立健全招募机制，是顺利开展志愿服务活动的必要条件，是构建长效机制的前提。健全的大学生志愿者招募机制并非随意形成的，而是要综合考虑包括大学生志愿者动机、当地人力资源状况和现实环境、大学生志愿服务组织的投入机制等后，从制订招募计划、加强宣传动员、开展有效招募等方面进行招募机制建立。

① 兰宇新.大型活动中大学生志愿服务的机制建设研究[D].上海:华东师范大学,2008.

（1）制订招募计划

大学生志愿服务组织在招募志愿者之前应制订好招募计划。招募计划中既要明确招募的目标、招募的人数、招募志愿者的类型，还要明确志愿者需要具备什么样的知识和技能，依据组织需要来确定人数比例。随后按照计划要求，为每个志愿服务工作岗位编制正式的职务说明书，详细描述该项服务工作的任务内容、基本责任、时间安排和工作方式以及必备的基本知识技能等，使大学生志愿者明白大学生志愿服务组织希望他们做什么。

（2）加强宣传动员

在正式招募前，要做好宣传动员工作，促进大学生积极参与。可以采用传统的党团组织动员方法，充分发挥党团组织的优势，鼓励大学生积极参加，也可以加强与新闻媒体、网站等机构的合作，充分利用校内外媒介发布招募信息。逐步建立大学生志愿服务的社会公告制度和平台，让分布在社会不同高校的大学生都能获取招募信息，避免出现“参与无门”的现象，扩大大学生志愿服务的影响力和参与面。

（3）开展有效招募

在招募过程中，要根据志愿服务的具体要求以及大学生的实际需求确定有效的招募方式。为了实现有效招募，必须明确招募原则、灵活运用招募方法、严格遵守选拔程序。在招募志愿者时，必须进行全方位考虑，把志愿服务工作的职责要求与大学生的能力结合起来，采取灵活多样的方法完成招募工作。招募方法主要有：组织动员会议，动员大学生自己报名，或者利用网站、微博等进行招募。而对于技术含量较高的服务岗位，则选择目标招募。在志愿者的选拔上，大学生志愿服务组织要制订严格的选拔程序。一般来说，选拔程序包括申请、考核、选拔三个方面。大学生可根据招募信息的要求，自行填报申请表。大学生志愿服务组织对申请者进行初步筛选后，通过笔试、面试等方式对大学生进行审核，最后进行选拔，确定人员。

2.建立健全志愿者培训机制

志愿者培训机制是在完成志愿者招募后，依照培训制度，采取灵活的方式，对志愿者进行培训的机制。开展志愿者培训是提高服务质量，增强服务效果的重要手段。有的志愿服务专业性较强，要求大学生志愿者必须具备组织协作、交流沟通等基本素质和能力，这就需要对大学生志愿者进行相应的培训，提高他们的服务能力和水平。因此，要制定严格的培训制度，选取科学的培训内容，采取灵活的培训方式，对大学生志愿者进行科学培训。

(1)制定严格的培训制度

共青团中央及各级团组织的政策、文件，都提出对志愿者进行培训，但目前还未形成明确的培训制度，也缺乏严格的刚性规定以及切实可行的硬性要求。培训制度应明确提出：在正式注册前，对志愿者进行普遍的综合培训；在正式开展项目服务前，对志愿者进行有针对性的专业培训。大学生志愿服务组织要建立专门的志愿者培训档案，明确培训的时间和次数，为将来进行志愿者考核提供依据。

(2)选取科学的培训内容

培训内容的选取，需要根据志愿服务的实际需要来进行。在大学生志愿者的培训中，主要开展服务理念、服务技能、服务权责和心理健康等方面的培训。在培训中，要全面系统地讲解志愿服务的内涵、意义等，加深大学生志愿者对志愿服务的理解和认识，帮助他们树立科学的志愿服务理念。要根据服务项目的需要，有针对性地传授服务知识和经验，开展专业技能培训，从而提高服务技能和水平。要对大学生志愿者进行相关政策性文件宣讲，让他们明确自己应该承担的义务和享受的权利，明白自己在服务工作中的角色担当及要完成的具体任务。明确对志愿者提出在政治、组织、行为等方面必须遵守的纪律。还要对大学生志愿者进行心理健康知识培训，提高他们的心理承受能力。

(3)采取灵活的培训方式

开展大学生志愿者培训，要采用灵活多样的培训形式，把理论培训和实践训练有机结合，培训方式上尽量做到活泼生动，使大学生志愿者易于理解和接受，充分调动他们的积极性，增强培训效果。培训方式包括专题讲座、案例分析、现场模拟、技巧示范等，还可以编写培训教材，这样既便于开展集体培训，也便于志愿者在课余时间进行自我培训。除了这些培训之外，高校还可与校外志愿服务组织联合举办具有特色的培训活动，如进行模拟比赛、实地考察等。灵活多样的培训方式可以吸引志愿者积极参与培训并不断提高服务能力和水平，取得良好的培训效果。

（二）建立健全认证评价机制

建立健全认证评价机制，对大学生志愿者进行认证和评价，是促进大学生志愿服务不断规范化发展的有效措施。

1.建立健全认证机制

志愿者认证机制是对志愿者的身份和他们所参与的服务活动或项目进行认定。建立健全大学生志愿服务认证机制，加强对大学生志愿者及大学生志愿服务的认证，能促使大学生志愿服务规范化。因此，要从志愿者注册管理制度、认证制度着手，建立健全大学生志愿服务认证机制。

（1）建立全国性的大学生志愿者注册管理制度

建立全国性的志愿者注册数据库，对全国大学生志愿者进行统一认证和管理，这样可以让大学生志愿者产生归属感。在推行全国统一注册中，根据大学生志愿者的特长、专业、志向等，对他们进行分类管理，组建各类专业服务队，进行资源整合，使大学生志愿者资源共享，并促进大学生志愿服务专业化、制度化和规范化。实行大学生志愿者的动态管理，实时更新大学生志愿者相关信息。通过全国统一注册，建立起大学生志愿者资料库，实现资源共享和有效配置，从而满足更大的社会需要，避免资源浪费。

（2）建立认证制度

对大学生志愿者的身份、参加培训情况及效果、参加的服务项目及时间、服务的效果及表现等进行详细记录，并由相关组织机构进行统一认定，这既是尊重志愿者创造的价值，也能使大学生志愿者体会到付出劳动后的认可。所以，要不断完善志愿者认证制度。从志愿服务的发展趋势来看，注册认证制度将成为志愿者管理的最好选择之一。这样不仅有利于统计每学期志愿者的确切数据，还能详细记录大学生志愿者的服务经历。高校可以发给每位大学生志愿者一本登记手册，其中包括志愿者的个人基本信息、认证信息、学期注册信息等，对大学生志愿者进行登记注册，对其参加志愿服务的时间、次数、内容、效果等进行定期认证。

2.建立健全评价机制

评价机制是指通过建立科学的评价体系，从而对大学生志愿者及志愿服务活动和效果进行评定的机制。科学评价能提高大学生志愿者的能力，加强志愿服务队伍建设，改进志愿服务工作等。因此，要建立和完善对大学生志愿者、大学生志愿服务活动以及效果的科学评价机制。部分国家对志愿服务的评价，主要由专门的、专业的评价机构来完成。我国可以借鉴这些国家的做法，加强高校志愿服务管理中心的评价工作，推动我国民间评估和监督机构的建设。

(1)建立健全大学生志愿者评价机制

评价大学生志愿者，可以对他们参与志愿服务的时间、次数、效果、团队合作等方面进行综合打分，采取定性与定量相结合的方式，由志愿服务组织的管理者及志愿者代表共同进行。目前，在大学生志愿者评价中，主要采取正式评价、非正式评价两种方式。正式评价主要是对志愿者的工作效果进行量化评估，主要采用时间评价法、等级评价法和实地评价法。时间评价法是将大学生参与志愿服务的时间进行量化的评价方法，主要就大学生志愿者所贡献的时间进行评价。大学生志愿服务组织要详细记录大学生志愿者的服务时间，并让志愿者能随时查询自己的累计服务时间。等级评价法是把大学生志愿者的服务绩效分成多个等级，对每个等级的考核项目进行细化，并赋予不同级别的服务绩效价值。实地评价法是指大学生志愿服务组织，通过委托或派出志愿服务督导或者管理专家的方式，到大学生志愿者的服务现场进行考察，全面系统地收集相关材料，把考察情况以报告的形式呈递给大学生志愿服务组织。非正式评价主要是对大学生志愿者的服务态度、精神面貌、心理状态等予以反馈。一般而言，由于没有固定的评价模式，非正式评价的内容和渠道比较宽泛，方法比较灵活。

（2）建立健全活动效果评价机制

对大学生志愿服务活动的评价，主要包括对活动形式、内容等的评价。要严格考核在志愿服务活动中，对志愿者的安排是否合理，是否满足服务对象的各项要求，志愿者是否较好地完成了服务任务等。活动结束后，大学生志愿服务组织要根据活动的实施情况进行详细考查，对志愿服务活动效果进行科学全面的评价。评价志愿服务活动效果，主要是评价活动的社会影响大小、服务对象的现状是否得到改善、大学生志愿者的能力是否得到不同程度的提高等。主要评价方式包括：填写每次服务或者阶段性服务后的反馈表，对服务对象开展满意度调查，对服务活动进行回访等。评价的具体内容包括：服务对象对服务是否满意、志愿者与服务对象间是否建立起良好的关系、志愿者的能力和水平是否满足服务项目的要求、志愿者的综合能力是否得到提高、服务活动是否完成既定任务和达到所设目标等。对大学生志愿服务活动效果进行科学评价，能推动大学生志愿服务活动更加健康有效地开展。

（3）建立健全评价结果运行机制

评价的最终目的是通过考核和评估，让大学生志愿者和大学生志愿服务组织发现自身不足，并及时总结改进，以便更好地开展大学生志愿服务。因此，建立大学生志愿服务评价结果运行机制显得尤其重要。评价结果出来后，大学生志愿服务组织可以及时发现活动中存在的问题并将其总结为经验，为志愿服务活动的进一步开展提供指导和借鉴。大学生志愿服务组织可以将结果录入志愿者档案，以档案的方式记录志愿者的服务情况及评价结果。大学生志愿服务组织也可以将评价结果直接反馈给志愿者本人，让他们直接地了解自己在志愿服务中的表现及组织的评价，这对大学生志愿者可以起到激励和鞭策的作用，能有效增强服务效果。要根据评价结果，对表现优秀的大学生志愿者进行奖励；对于评价结果不理想的大学生志愿者，要加强沟通，指出其问题所在，并提出改进要求；对于评价考核不及格的大学生志愿者，则要加强培训，提高其服务水平。

（三）建立健全服务激励机制

大学生志愿服务激励机制，是指通过多种有效的激励方式和手段，充分激发大学生志愿者的积极性和创造性的机制。詹姆士教授指出：如果没有激励，一个人的能力发挥仅为20%~30%，如果施以适当的激励，通过其自身努力可使能力发挥出80%~90%。①因此，在大学生志愿服务中，为了充分激励大学生志愿者，必须建立政府激励机制、学校激励机制、社会激励机制、组织激励机制等。

1.建立健全政府激励机制

政府激励机制，就是指政府通过各种有效的激励方式和手段，对大学生志愿者进行激励的机制。目前，政府对大学生志愿者的激励政策不是很多。为了保证大学生志愿服务持续发展，政府应制定和出台切实有效的奖励政策来激励大学生志愿者。

我国政府曾对志愿者进行荣誉激励。比如，对志愿者采取“五星级”认定的激励方法。即，志愿者注册后，如果志愿服务时间累计达30小时，就认定为“一星志愿者”；如果达到60小时，就认定为“二星志愿者”；如果达到100小时，就认定为“三星志愿者”；如果达到200小时，就认定为“四星志愿者”；如果达到300小时，就认定为“五星志愿者”。教育部《学生志愿服务管理暂行办法》指出，在大学学段实行学生志愿者星级认证制度。学校根据学生志愿者参加志愿服务的累计时间，认定其为一至五星志愿者。自大学学段以来参加志愿服务时间累计达到100、300、600、1000、1500小时的，分别认定为一至五星志愿者。对志愿者的这种星级认定，仅仅是一种荣誉激励，没有对志愿者产生一些实际的作用。所以，政府要出台更切实有效的激励政策来激励大学生志愿者，同时加大对优秀大学生志愿者和大学生志愿服务组织的表彰力度，更好地激励大学生志愿服务组织设计、开展更多富有成效的志愿服务活动。如可以加大全国和各地区优秀志愿者和优秀志愿服务组织的奖励名额和奖励力度，并在全国范围内通过网站、报纸等多种渠道和组织学习等方式进行广泛宣传，在全国范围内形成志愿者光荣和人人争做志愿者的良好氛围。

2.建立健全学校激励机制

学校激励机制，就是指各高校通过各种有效的激励方式和手段，对大学生志

① 苏东水.管理心理学[M].上海：复旦大学出版社，2002.

愿者进行激励的机制。学校普遍采取的激励方式是荣誉型激励,如评选“优秀大学生志愿者”“大学生志愿服务先进个人”等,激励方式略显单一。学校对大学生志愿者激励的范围也相对较窄,绝大部分表现优秀的大学生志愿者并没有获得相应激励。因此,这就需要学校不断完善大学生志愿者激励机制,有效激励大学生志愿者。

(1)给予志愿者表彰

学校可以通过定期召开表彰大会,对在志愿服务中表现突出的大学生志愿者进行表彰,授予他们荣誉称号,并颁发奖牌、奖章等,给予精神鼓励和物质鼓励。对大学生志愿者的表彰,可以让他们体会到服务的价值,从而产生作为志愿者的自豪感,激发他们长期从事志愿服务的热情。要把这种表彰性激励贯穿于志愿服务全过程,从志愿者的招募、培训到志愿者参与服务以及服务后的评价,都应该给予大学生志愿者充分的激励奖励,让他们切实感受到学校的关注和认可,促使他们积极出色地完成各项志愿服务任务。

(2)倡导志愿者优先

学校要将志愿服务作为评定优秀大学生、优秀团员团干、优秀学生干部以及推优入党考察等的重要参考,并在同等条件下优先考虑大学生志愿者。评优评奖、推优入党等对于大学生来说,都是一些重要且有意义的事情。将志愿服务纳入这些考核标准中,可以增强志愿服务的吸引力。将评优评奖和推优入党等与大学生参与志愿服务挂钩,这也是对大学生志愿者的一种肯定和激励。

(3)赋予志愿者学分

学校要将志愿服务纳入大学生人才培养计划中,并规定相应学分。将参加志愿服务与大学生获得毕业证或学位证挂钩,规定只有完成一定时间志愿服务的大学生才能获得相应学分,才能够顺利毕业。目前我国少部分学校已采取这种方式来激励大学生积极参与志愿服务。如果我国大部分高校都采取这种激励方式,势必会促进大学生志愿服务迅猛发展。

3.建立健全社会激励机制

社会激励机制,就是社会通过各种有效的激励方式和手段,对大学生志愿者进行激励的机制。大学生参加志愿服务,大多数情况下是走出校园,服务社会群体及组织。所以,社会对大学生志愿者的激励也非常重要。

(1)建立社会认可型激励机制

广泛的社会关注和认可,能为我国大学生志愿服务的发展提供强大的动力。要加大宣传力度,引导社会民众对大学生志愿服务形成正确认知,产生广泛认同,在全社会形成“大学生志愿服务光荣”“大学生志愿者可敬”的良好风尚。在招聘大学毕业生时,社会各企事业单位应该像认可党员、学生干部一样来认可大学生志愿者。各企事业单位可以建立起这样的选聘标准,即同等条件下优先考虑大学生志愿者,尤其是获得过表彰的优秀大学生志愿者。如此一来,不但能让各企事业单位招到品质优秀的人才,还能有效地促进大学生志愿服务发展。

(2)建立社会回报型激励机制

社会中一定程度的奖赏措施能让大学生志愿者的服务获得社会回报,有利于营造良好的志愿服务氛围。可以建立“大学生志愿服务银行”,制定相应制度,建立回报机制。把大学生志愿者提供的服务折算成小时,储存在“大学生志愿服务银行”里,将来一旦需要,可以获得志愿服务机构提供的同等时间服务。也可以采取“互助服务”的回报激励方式,将大学生志愿者为社会和他人提供的服务项目和效果张榜公布,让广大大学生及社会公众知晓,一旦志愿者本人需要帮助,也能够获得其他志愿者的热情服务。还可以采取“服务转换”的回报激励方式,即对长期从事志愿服务的大学生志愿者进行重点介绍,通过志愿服务发掘、提升他们的才能,一旦企事业单位有合适的职位、岗位或工作机遇时,优先考虑这些大学生志愿者。如果社会予以适当的回报激励,就能够最大限度地调动大学生志愿者的积极性和热情。

4.建立健全组织激励机制

大学生志愿服务组织激励机制,就是大学生志愿服务组织通过各种有效的激励方式和手段,对大学生志愿者进行激励的机制。大学生志愿服务组织要通过精神和物质奖励相结合的方式，肯定大学生志愿者的付出，让他们继续保持投身志愿服务事业的热情与激情。

（1）建立健全组织物质激励机制

物质激励是指大学生志愿服务组织运用实实在在的物质手段，来奖励大学生志愿者，进而调动他们工作的积极性和热情，促使他们发挥潜在的创造力。除了颁发奖金、奖品等方式外，物质激励还包括为大学生志愿者在服务过程中提供一定物质保障。可以为大学生志愿者提供统一制服，提供必需的餐补、车贴等，这样既可保证服务团队的统一性，又可免去大学生志愿者的后顾之忧。大学生志愿服务组织还可以对付出较多、表现优异的大学生志愿者发放适当的其他补贴，以示对他们的肯定和鼓励。可以给参与大型活动服务的大学生志愿者提供该活动的免费门票，在活动结束后颁发纪念奖章或赠与活动吉祥物做纪念，这些都是对大学生志愿者服务工作的肯定，也是让他们保持志愿服务热情的激励。

（2）建立健全组织精神激励机制

精神激励是指大学生志愿服务组织通过内在激励的方式，对大学生志愿者进行激励，包括让大学生志愿者参与组织决策、对他们进行人文关怀、认可他们的服务表现等。精神激励主要包括情感激励、目标激励和榜样激励。

大学生志愿服务组织要重视给予大学生志愿者情感激励。大学生志愿者在帮助弱势群体的同时，他们自身也需要组织的扶助，特别是情感方面。因此，大学生志愿服务组织要关心他们的生活，关注他们的思想动态，帮助他们解决志愿服务过程中和生活中所遇到的各种难题，给予真切的关怀和大力的帮助，使他们感受到组织的温暖。组织关怀可以让大学生志愿者产生情感共鸣，从而对大学生起到激励作用。

目标激励能直接激励大学生志愿者，使其最大限度发挥积极性和创造性。目标激励的关键之处在于根据志愿者的实际选择合适的目标，这需要深入了解大学生志愿者的服务动机、服务能力、身体状况等。当大学生志愿者实现一个服务目标后，就能满足大学生志愿者自我实现的需要，激发他们向新的更高的服务目标前进，从而使其保持经久不衰的志愿服务信心和热情。

榜样激励是选择在志愿服务中表现特别突出的大学生志愿者，将他们树立为榜样，激发其他大学生志愿者向他们学习和效仿。大学生志愿者榜样的树立，可以产生更为实际的引导作用。志愿者们一旦确定了学习的榜样，便有了更明确的目标，这将激励他们用实际行动来满足这种自我需要。要树立典型的志愿服务榜样，广泛宣传他们的先进事迹，号召大家向他们学习，能很好地感染和激励大学生。

(四)建立健全组织管理机制

大学生志愿服务的组织管理，可以分为内部管理、外部管理。内部管理是指志愿服务组织内部所进行的自我管理，外部管理指的是学校对志愿服务组织的管理。由于外部管理主要体现在学校的相关管理制度中，所以，完善大学生志愿服务的组织管理，应主要从志愿服务组织的内部管理入手。那么，组织管理机制就主要是指大学生志愿服务组织为了保证志愿服务顺利开展而进行的内部自我管理机制。

1.建立健全组织管理规章制度

建立健全大学生志愿服务组织各项管理制度，是为了促使大学生志愿服务组织管理规范化，从而保证大学生志愿服务的持续开展。

(1)完善组织管理制度

组织管理制度是大学生志愿服务组织能够良好运行的重要保障。部分国家志愿服务组织的管理系统较为完善，拥有健全的管理制度，已走上法治化的道路。相较而言，我国志愿服务组织管理制度建设还稍显落后，各项规章制度还不够完善。要建立有效的规章制度来制约志愿服务中的偷工减料、相互推诿等现象和行为。我国大学生志愿服务组织不仅要注重组织运行机制的建设，还应注重组织内部的责任制度建设。要建立内部责任制度，让大学生志愿者清楚认识到自己应该承担的责任，并履行好自己的职责，完成志愿服务任务。同时，要做到赏罚分明，对违章行为及时进行追责，避免由于赏罚混乱而产生负面影响。对于志愿服务中出现的问题，可以根据组织管理制度条例，厘清权限职责，快速解决问题。

(2)完善日常管理制度

开展日常性的志愿服务活动,是大学生志愿服务持续发展的基础。大学生志愿服务组织的管理模式应该转变为日常管理模式,实现大学生志愿服务活动的日常化转型,使之更加具体化和便捷化。大学生志愿服务组织应当建立起日常工作机制,健全组织管理结构,厘清各部门职责。要实现档案管理,建立大学生志愿者档案和志愿服务组织档案,不断完善志愿者的信息录入系统,详细记录志愿者的参与情况和服务效果,做好日常活动记录和考核评价。要完善日常管理制度,制定切合实际的规章制度,明确权责,有效约束大学生志愿服务组织和大学生志愿者行为。加强日常事务管理,要严格大学生志愿者的日常考勤管理,严格履行请假制度,形成务实的工作态度、严谨的工作作风,帮助大学生志愿者树立良好的形象。

2.实现活动项目化管理

大学生志愿服务项目化管理,指的是把大学生志愿服务活动当成项目来对待,从而运用项目管理的模式对其进行管理。实现项目化管理,能促使大学生志愿服务持续开展,是大学生志愿服务的发展趋势。大学生参与志愿服务,为社会和他人服务,是精神契约的履行。志愿服务活动的行政化管理,在一定程度上限制了志愿者能动性的发挥。为了能够充分激发志愿者的积极性,这就需要对志愿服务活动实行项目化管理。近年来,共青团中央已尝试实施志愿服务项目化管理。目前,项目化管理实施得比较成功的有青年志愿者扶贫接力计划、大学生志愿服务西部计划等。通过项目化管理,可以整合各种资源,从而实现优势互补,进一步转变工作方式方法,实现创新管理,完成工作任务,切实为社会办好事、办实事。大学生志愿服务组织要对大学生志愿服务各个项目实行分类归纳,严格规范项目的立项、运作以及评估等。在不断发展传统项目的同时,要积极开拓新项目,使大学生志愿服务活动多层次、多元化发展,形成更多品牌化、个性化的志愿服务项目。

(五)建立健全运行监督机制

大学生志愿服务运行监督机制,是对大学生志愿服务的整个运行过程进行监管和督导的机制。建立运行监督机制,不但可以加强志愿服务的质量监管,还可以提升志愿服务的有效性。对大学生志愿服务的运行监督,主要由学校、政府、媒体及社会公众进行。

1.建立健全内部监督机制

内部监督机制是指在大学生志愿服务组织中,成立理事会、监事会,制定规章制度,对大学生志愿服务运行进行监督。

(1)建立健全理事会监督机制

理事会是由在法律上对大学生志愿服务组织负有监管责任的一群人,如学校相关领导、指导教师等组成的。作为组织的核心部分,理事会把握着大学生志愿服务组织的工作方向,定期对各项工作进行监督与批评。理事会也是志愿者对组织进行监督的申诉机构,要接受志愿者反映组织存在的问题,采纳志愿者提出的合理发展建议。理事会在法律上有责任为大学生志愿服务组织制定政策,具有监督这些政策执行的职能,并确保大学生志愿服务组织所开展的活动合法。

(2)建立健全监事会监督机制

监事会是大学生志愿服务组织的监督职能机构,监事会的成员是由大学生志愿者代表大会选举产生的,向大学生志愿者代表大会负责,主要由大学生志愿者管理干部或志愿者骨干组成。监事会的主要职责是按照相关条例和法律法规开展活动,督促大学生志愿服务组织依照核定的章程、服务范围及内部管理制度开展活动;对大学生志愿者违反组织纪律以及损害组织声誉等行为进行监督;对组织的经费开支状况进行监督;对组织中的违法违纪行为提出处理意见,并提交理事会监督执行。监事会要监督财务的正常运转,促进财务管理的规范化。监事会要加强对整个志愿服务过程的监督,做好大学生志愿服务活动的启动、开展、评价、总结和表彰等各项工作。

(3)建立健全规章制度监督机制

通过建立科学有效的规章制度来对大学生志愿服务的日常运行进行监督。大学生志愿服务组织章程、资金管理制度、活动开展程序等可以规范大学生志愿者和志愿服务组织的行为,能够保证大学生志愿服务持续健康运行。

2.建立健全外部监督机制

大学生志愿服务组织的良性运行和活动的有效开展,既需要“自律”,即建立内部监督机制,还需要政府、社会公众、媒体的“他律”,即建立外部监督机制。建立大学生志愿服务外部监督机制,主要包括建立政府监督机制和社会公众监督机制。

(1)建立健全政府监督机制

政府监督机制是指由政府对大学生志愿服务组织、志愿服务过程、志愿服务项目、志愿服务质量等进行监管和督导的机制。由于政府具有一定的公信力、强制力和权威性,所以,政府的监督相对来说更为有效。目前,我国志愿服务组织的外部监督是以政府的直接监督为主。政府监督就是通过建立准入资格标准,对具有准入资格的大学生志愿服务组织进行登记管理,采取年度检查制度和向主管机关报告制度,对组织的人事、财务等进行检查和管理。大学生志愿服务组织的政府监督主要由大学生志愿服务组织登记管理部门和业务主管单位进行。政府主要从财政上对大学生志愿服务组织进行监督。进行财政监督,就是要建立起财务独立核算机制,让大学生志愿服务组织拥有资金运作的自主权,便于政府掌握经费收支情况。政府应该加强对志愿服务组织的财政监管,要求志愿服务组织及时公开资金收支明细,防止滥用资金情况的发生。

(2)建立健全社会公众监督机制

社会公众监督机制是指社会公众对大学生志愿服务组织、志愿服务过程、志愿服务项目、志愿服务质量等进行监管和督导的机制,主要包括群众监督机制、媒体监督机制、网络监督机制和特约社会监督机制等。群众监督机制是指群众对大学生志愿服务组织、志愿服务过程、志愿服务项目、志愿服务质量等进行监管和督导的机制。群众可以通过了解大学生志愿服务组织的活动开展情况、项目运行情况以及经费开支情况等基本信息,以举报、投诉等方式,将相关问题反馈到政府、高校或者媒体,从而实现对大学生志愿服务组织的监督。媒体监督机制是指媒体对大学生志愿服务组织、志愿服务过程、志愿服务项目、志愿服务质量等进行监管和督导的机制。报刊、广播电台、电视台等媒体具有传播快、影响广的特点,能够迅速把大学生志愿服务组织的运行状态向社会披露出去,从而实现对大学生志愿服务组织及其服务的有效监督。网络监督机制是指借助互联网平台,对大学生志愿服务组织、志愿服务过程、志愿服务项目、志愿服务质量等进行监管和督导的机制。广大群众可以通过在网上发布大学生志愿服务相关消息、提出批评等方式来对大学生志愿服务组织进行监督。特约社会监督是指在社会各界人士中邀请多名社会监督员对大学生志愿服务组织、志愿服务过程、志愿服务项目、志愿服务质量等进行监管和督导的机制。监督员可通过定期反馈大学生志愿服务监督信息来实现对大学生志愿服务组织的监督。